U0641558

图解 **精益制造** *069*

丰田
动线管理

トヨタで学んだ動線思考

【日】原正彦 著

王高婷 译

人民东方出版传媒
People's Oriental Publishing & Media
東方出版社
The Oriental Press

图字：01-2021-0473 号

TOYOTA DE MANANDA DOSEN SHIKOU by Masahiko Hara
Copyright © Masahiko Hara 2019
All rights reserved.
Original Japanese edition published by SHODENSHA Publishing Co., Ltd., Tokyo.

This Simplified Chinese language edition is published by arrangement with
SHODENSHA Publishing Co., Ltd., Tokyo in care of Tuttle-Mori Agency, Inc., Tokyo
through Hanhe International (HK) Co., Ltd.

图书在版编目（CIP）数据

丰田动线管理／（日）原正彦 著；王高婷 译. —北京：东方出版社，2021. 5
（精益制造；069）
ISBN 978-7-5207-2132-5

Ⅰ.①丰…　Ⅱ.①原…②王…　Ⅲ.①丰田汽车公司—工业企业管理—生产管理
Ⅳ.①F431. 364

中国版本图书馆 CIP 数据核字（2021）第 063521 号

精益制造 069：丰田动线管理
（JINGYI ZHIZAO 069：FENGTIAN DONGXIAN GUANLI）

作　　者：〔日〕原正彦
译　　者：王高婷
责任编辑：崔雁行　吕媛媛
责任审校：曾庆全
出　　版：东方出版社
发　　行：人民东方出版传媒有限公司
地　　址：北京市西城区北三环中路 6 号
邮　　编：100120
印　　刷：北京文昌阁彩色印刷有限责任公司
版　　次：2021 年 5 月第 1 版
印　　次：2021 年 5 月第 1 次印刷
开　　本：880 毫米×1230 毫米　1/32
印　　张：6. 625
字　　数：126 千字
书　　号：ISBN 978-7-5207-2132-5
定　　价：58. 00 元
发行电话：(010) 85924663　85924644　85924641

版权所有，违者必究
如有印装质量问题，我社负责调换，请拨打电话：(010) 85924602　85924603

不想加班!

更不想周末的时候还要出勤!

为什么明明阅读了很多关于工作方法、时间方法的书,又切实执行了 PDCA(计划、执行、检查、处理)和"汇报、联络、商量"的工作方法,今天晚上还是要加班?

为什么周六、周日还要来公司工作?

问题到底出在哪儿?

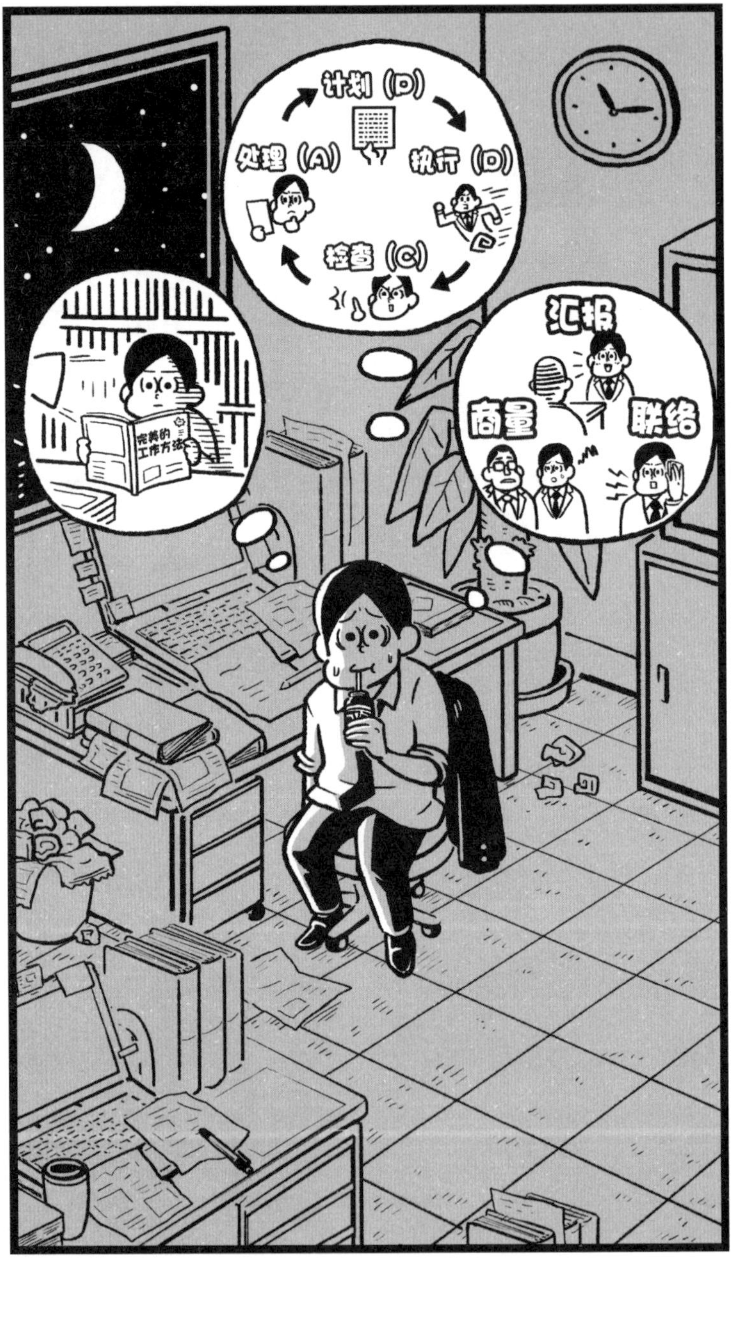

计划（P）
执行（D）
检查（C）
处理（A）
完美的工作方法
汇报
商量
联络

这一切都是因为你没有意识到"动线"问题。

工作的动线;
计算机的动线;
计划表的动线;
头脑中的动线。

认真解决动线问题，你的工作效率将实现质的飞跃！

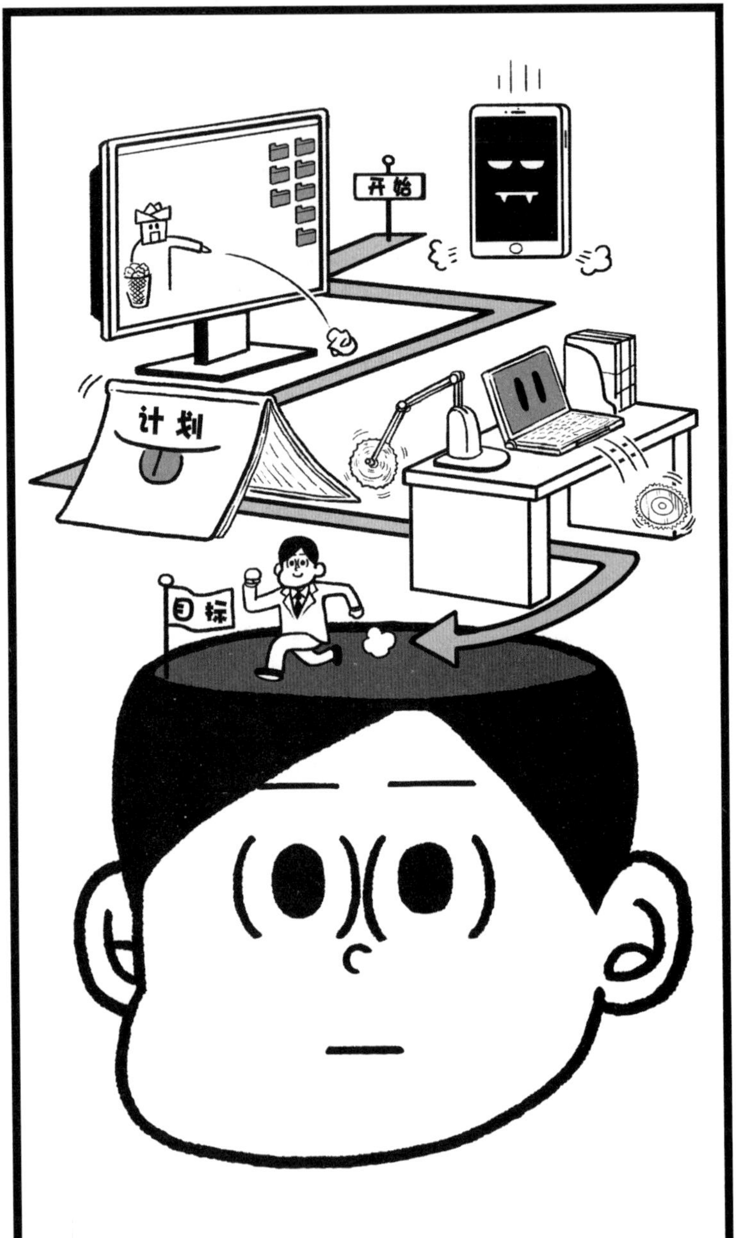
开始
计划
目标

前言
在丰田现场学习"正确的动线"

"为什么要从那边走?"

我曾在丰田的经销商处做过车辆保修技术员。

有车的人应该不难理解,经销商不仅要负责汽车的销售,还要负责汽车的检查与维修。入职后,我在某家经销商处负责为 5000 辆汽车进行维修。

在丰田现场工作过一段时间之后,我就转行做了 IT 行业的事务工作。因为从事的是完全不同的行业,所以内心有点紧张,但仍干劲十足。也正是在这段时期,我遇到了意想不到的考验,那就是同事们在"动作速度"上存在较大的差异。

我深切地感受到:从走路的速度到操作的速度,新公司内从事事务工作的同事们做什么事情都慢慢吞吞的。

开车走了一段高速公路后把车开到普通道路上时,我们会明显感到四周都慢了下来,这就是 **"Line Change 现象"**(车道变化现象)。自从换了工作,我就更加强烈地感受到了这一现象。

1

事实上，此前在丰田的工作现场，大家工作的速度都很快，而且很高效。

例如，对车辆保修技术员来说最重要的就是工具。在被称为"caddi"的工具箱内存放着个人需要的不同工具，进行汽车维修时，车辆保修技术员会多次往返、取放工具。每当我进行这样的操作时，丰田现场的前辈们都会批评我说："你为什么要从那边走？"那么，前辈们为什么要这样说呢？

举个例子。当你站在车后面想去取放在车前面的工具箱时，你是从左边走还是从右边走？从哪个方向走路途最短，最省时间？前辈们的批评意见其实很有意义，因为"动线意识"是行动的要点。在丰田的工作现场，正如"为什么要从那边走"的质疑一样，浓缩其中的是丰田对"动线"的强烈意识。

如果动线中的一个小小差别会导致数秒的偏差，那么一天下来就可能产生一分钟的偏差。而如果是十个人的小组就会相差十分钟，一个月下来就会相差 3~4 小时。虽然眼前相差不过几秒钟的时间，但日积月累，整个工作现场相差的时间会超出想象。

丰田现场对"无用动作"的警觉

车辆保修技术员对汽车进行检修时，客户几乎都会在汽车展厅的现场等待。正因为客户抽出了自己宝贵的时间等候，车辆保修技术员才更应该在最短的时间内将汽车检修完毕，交还客户。

当然，我们还必须同时保证维修的高质量，因为汽车的检修质量将直接关系到客户的生命安全。总之，我们在保证维修质量的同时，还必须尽量缩短客户的等待时间，这就是丰田汽车车辆保修技术员的工作。

丰田工作现场的速度之所以这么快，是因为丰田一直奉行"客户正在展厅等待，我们必须提高效率"的原则。

而且，丰田一直流传着一句话：**"时间是动作的影子。"**正因为丰田有"关注每日行动"的企业文化传统，丰田人的时间观念才会如此强烈。

时间对每家公司、每个人都是公平的。尽管如此，在同样的时间内，有的公司实现了成长，有的公司却没有；有的人完成了成长，有的人却没有。之所以有这样的差距，是因为动作产生了差距，也就是每天人们在"如何行动"这一问题上产生了差距。

丰田现场对"无用动作"非常警觉，只要有一点无用动作，就会马上进行修正。行动缓慢会导致每天的工作时间延长，而只要提高行动效率，工作时间自然就会缩短。

工作方式改革首先要重新审视"动线"

前文一直提到的"动作"一词，指的不仅是走路的速度，还有"动线的选择"这层含义。换句话说，就是我们如何选择自己的行走路线。

但是，在我后来任职的这家企业，从事事务工作的同事们都没有思考过这个问题。一边找东西一边晃来晃去的人、在走廊里迈着大步走的人、开会时同样的事情反复说个不停的人，在这家企业中随处可见。

过去的日本，加班成风造成了严峻的社会问题，所以当时的企业都打着"工作方式改革"的旗号相应减少了加班时间。但实际上，人们的工作量却丝毫没有削减。我想，主要原因就是企业中的大部分人都在沿着"无用动线"行动。

此处所指的"动线"不仅包括具体的行进路线，也包括制定日程表的方法、电脑的操作、思考的方法等抽象的前进路线。

我们首先应该意识到"动线"这一概念，然后再对具体的动线和抽象的动线进行重新审视并进行改进。我相信，这种做法不仅能减少多余的工作，还能大幅提高企业的劳动生产率。

日常生活中也存在是否能意识到动线问题的差异

请注意：动线这一概念不仅存在于企业活动中，也存在于日常生活中。而且，没有充分意识到动线问题的人不在少数。

例如，我们在乘坐地铁时经常会看到停在闸机前四处摸索寻找 IC 卡的人。因为他们会在刷卡的前一秒突然停留在闸机前，所以排在后面的人无法避开。也就是说，这样的行为不仅会引起闸机前人群拥挤，也会给很多人带去不必要的麻烦。这

就是因为没能合理安排自己的动线而给其他人添麻烦的典型
案例。

大家都要乘坐地铁，自然认为闸机是可以顺利通过的，而
那些一直走到闸机前才开始寻找 IC 卡的人并没有意识到自己的
动线存在问题。

说起乘坐地铁，大家在准备下车时应该都会考虑"哪一个
车厢离出口最近"，地铁工作人员也会在站台内的柱子上张贴方
便换乘的地图。此外，大家在相应的手机 APP 上也可以进行换
乘信息的查询，甚至像"哪一时间段、哪个车厢比较拥挤"这
样的问题都可以通过地铁站内张贴的宣传海报或者手机 APP 来
获取相关信息。

尽管如此便利，地铁到站后仍然有很多人彷徨着四处寻找
出口；地铁到达后，虽然有些车厢很空闲，但仍然有很多人走
进了原本就拥挤不堪的车厢。像这样不会事先思考、乘坐地铁
时费时费力的人比比皆是。

**"动线意识"要求我们在任何场合、任何行动中都能注意到
自己的路线，因为自己的问题只能依靠自己来解决。**

实现"高时间密度"的人生

我想通过本书传达的思想是：**我们必须减少日常工作中的
无用动线。**进一步说，**即使在考虑出最佳动线之后，我们仍要
继续思考是否有更优方案。**只有做到这一点，我们才能摆脱加

班的烦恼，减轻加班带来的身体负担。

人生由时间构成，认识到动线的重要性也是我们认真对待自己人生的表现。通过阅读本书，我相信你会重新审视自己在日常中的动线，实现时间的高密度利用，让自己的人生更加顺利。

丰田现场有一个高频词是"改善"，所以日常工作中，大家会习惯性地认为一定存在比现在更好的方法。通过强化动线意识，我希望大家都能养成不满足于现状、持续寻找更优解决方案的好习惯。

关于现代生活中不可或缺的关键词"动线"，本书按照以下顺序进行论述。

第 1 章就"动线思维的基本""为什么必须考虑动线"进行了论述。

第 2 章着眼于从家庭生活步入社会职场的人在职场中的动线问题，阐述了人们应当如何推进自己的动线并解释了其中的原因。

第 3 章给出了"制定与客户会面的日程表""制定工作方面的日程表""组织企业的内部会议"时可以采取的更加细致的动线。

第 4 章从更加微观的角度出发，论述了在办公桌及办公桌内部、笔记本及手账中应当如何确认动线。

第 5 章聚焦电脑操作中的动线。本章对具体的操作动线进行了详细解说，如更高效的电脑操作方法、更高效的信息搜集方法等。

第 6 章论述了思考的动线。本章详细介绍了能顺利推进职场工作的思考动线。

读者们阅读本书之际，可以一边学习第 1 章中提到的动线的基本知识，一边随手翻阅本书后半部分中感兴趣的内容。如果读者在阅读本书后跃跃欲试，想把书中学到的知识应用到实际生活中，我将不胜荣幸。

"动线"一词原本用来形容人类的行动路线，百货店和便利店等零售行业习惯将其称为"导线"，一些网站、手机等数字平台也将其称为"导线"。当然，"导线"原本是指疏导电流的电线，只是现在也有了"人类的行动路线"这层含义。

本书不仅论述了日常业务中、人类自身活动中的动线，还从原始意义上对所有行业相关的"动线"进行了解说。

接下来，为了顺利推进工作，让我们一起一边学习动线思维，一边努力前进吧！

摘自本书丰田

时间是动作的影子。（前言第 3 页）

不会去想"因为什么具体原因所以我做不了"，
而会考虑"我能做的事情有哪些"。（第 030 页）

乘坐电梯时，要先按关门键。（第 033 页）

工作中的必需品，要确保
蒙着眼睛也能拿到。（第 038 页）

将自己置于最危急的状况中。（第 071 页）

有"质疑常识"的工作习惯。（第 075 页）

请准备好备用方案。（第 077 页）

不要找东西，而要取东西。（第 094 页）

办公桌上只放现在一定要用的
物品。（第 096 页）

现场的名言

探究问题的本质。（第 120 页）

只是在行动，不是在工作！
（第 147 页）

面对眼前的工作充分发挥自己的
主观能动性。（第 147 页）

目的是什么？（第 151 页）

为什么必须开展这项工作？（第 151 页）

巧迟不如拙速。（第 157 页）

按兵不动。（第 166 页）

想想你能做什么！（第 171 页）

五个为什么。（第 176 页）

目 录

I

第 **1** 章

减少无用动线

01 ⬏ 严格执行"动作经济四原则"

接下来，本章将就动线展开具体论述。首先，我们来看一下"动线思维的基本"。

为了更好地理解动线思维的基本，首先要提到一个重要概念——动作经济原则。经营工厂的读者应该对这个词很熟悉，因为员工以动作单位为切入点开展关于改善的讨论时，经常会参考这一原则。

动作经济原则最早由作业研究的先驱者——弗兰克·吉尔布雷斯（Frank Bunker Gilbreth，1868—1924）提出。这一原则就高效作业现场中的理想作业展开了论述，具体由 30 多条原则组成。

为方便导入这一原则，企业经常会抽取其中的四个基本动作，作为"动作经济四原则"进行导入。

因为该体系的内容非常庞大，所以这里仅进行汇总论述。

首先要学习的动作经济原则

原则 1
作业时，两手应同时进行同一任务。
左右手不能分开进行不同的作业。

原则 2
尽量减少必要的基本动作数量。
要尽量减少"选择""寻找""运输""启动"
等动作。

原则 3
尽量缩短各个动作间的距离。
作业中的必要动作也应尽量缩短动作间的距离。

原则 4
尽量使动作更轻松。
不仅要缩短动作间的距离，还要提高工作的舒
适度。

原则 1：作业时，两手应同时进行同一任务

例如，使用笔记本电脑的键盘时，如果只用一只手进行操作，大家会有什么感受？毫无疑问，不仅输入困难，还会浪费大量的时间。

从人的身体构造上来说，人的左手与右手很难同时进行不同的操作，所以人的双手动作必须同时开始、同时结束。显然，这一常识在实际工作中并没有引起足够的关注，大家依然会下意识地用左右手分别执行操作，导致手部动作停下来、产生浪费。

当我还是一名车辆保修技术员的时候，我经常会有这样的体验：给汽车装轮胎时经常要用扳手拧紧螺母，如果我习惯了常规操作，就会用一只手拧扳手，另一只手去拿新的螺母。但是，这样的操作会使扳手变得摇摇晃晃、很危险，甚至可能会

损伤螺母，导致轮胎无法顺利安装。因此，扳手必须双手同时配合来使用。

虽然我们主观上认为两手分别作业效率会更高，但现实是这样的操作既容易导致失误增加，又容易导致效率下降。总之，"作业时，两手应同时进行同一任务"是非常重要的。

原则 2：尽量减少必要的基本动作数量

工作中包含着很多必要的基本动作，如"选择""寻找""运输""启动"等。实际操作时，我们应当认真思考每一个动作的意义和必要性，以此来最大限度地减少必要的基本动作数量。

起初，人们使用的手机上有非常多的按键，但史蒂夫·乔布斯（Steve Jobs）却将这些按键缩减，创造了苹果手机（iPhone）。此后，苹果手机不但大受欢迎，还成了便携式手机的先驱。乔布斯正是通过减少"选择"动作而使手机变得更加容易操作了。

"5S"这个词不仅经常出现在丰田现场，也经常出现在其他制造业的现场。这个词取自整理（SEIRI）、整顿（SEITON）、清扫（SEISO）、清洁（SEIKETSU）、素养（SHITSUKE）五个日语单词发音的首字母。

- 整理：区分必要物品与非必要物品，扔掉非必要物品；
- 整顿：将必要物品以便于使用的方式进行排列；
- 清扫：打扫干净，并进行对照检查；

- 清洁：维持整洁的状态；
- 素养：养成整理整顿、清扫的习惯。

其中，最重要的是彻底执行丰田现场最开始提出的两个"S"——整理、整顿。也就是说，**无论发生什么，首先要最大限度地减少"找物品"这一动作。**

如果工作时没有对工作环境进行整理、整顿，那么找物品的动作就会增加，进而导致基本动作的数量增加。为了将基本动作的数量降到最少、营造"立刻就能找到必需品"的工作环境，企业必须进行整理、整顿。

以上就企业如何减少基本动作进行了论述。当然，实际中也存在同时进行两个动作的方法。关于这个方法，我将结合具体案例在第2章中进行论述。

原则3：尽量缩短各个动作间的距离

将基本动作控制在最少数量之后，剩下的就是无法削减的"必要动作"，而必要动作之间的距离也要尽量缩短。例如，如果要活动手臂，那么就减少这一动作的距离；如果要走几步进行移动，那么就减少步数。

本书前言提到的丰田现场的前辈们批评我说"你为什么要从那边走？"就是符合动作经济的"原则3：尽量缩短各个动作间的距离"的表现。

这一原则不仅能靠个人意识到问题所在进行改进，还能通过改变环境来实现。例如，作业场所过于宽敞会导致员工作业时的移动步数增加，所以在不影响正常通行的前提下，企业应尽量让作业场所更紧凑。也就是说，企业应当从整体角度出发，思考是否可以改进作业场所的环境。

此外，放置材料、工具等作业工具的场所也要进行改进。关于这个问题，我将在第 2 章的"三定"一节中进一步阐释。

原则 4：尽量使动作更轻松

企业不仅要缩短员工作业的动作距离，还要减轻动作本身的不适感。

企业应当经常思考：不正确的姿势会带来多余负荷，这些负荷是否会让员工身体不适？负荷再小，经过每日工作的消耗，身体也会越发疲劳。严重的情况下，甚至会引发慢性肩周炎、腰痛等症状。面对员工的痛苦，企业无法微笑着回应"这是职业病，我也没办法"，所以必须从小小的负荷入手，减轻员工的身体负担。

为了避免不合理的动作，企业应当充分利用惯性、重力等物理知识，使员工能够更舒适地工作。

以上四个项目就是动作经济的原则。考虑工作中的动线时，企业必须以上述四原则为基础进行规划和整合。本书也遵从这四项原则，对动线进行了进一步的思考。

02 利用秒表计算工作时间

我的论点是：我们必须减少日常工作中的无用动线。

首先，我希望大家能同我一起做个实验。

第一步，请准备一个秒表。如果没有，可以使用手机上的APP小程序或者手表。

第二步，请闭上眼睛，然后在心里测算一分钟的时间。当你认为一分钟的时间到了时，就可以睁开眼睛。

做过这个实验后你会发现：几乎所有人都产生了时间偏差，很难精准测算一分钟的时间。

我们在测算一分钟时都会出现偏差，更别说30分钟，甚至是2小时了。我们内心认为的时间与实际的时间之间，其实有着天壤之别。

因此在日常工作中，我们最好用秒表计算时长并做好记录。只有事先知道哪一项工作需要多长时间，才能提高我们在工作中的敏感度。当然，这也是减少工作中的无用动线的第一步。

下面，我将举例进行说明。

请注意，这个案例只是一个样本，记录的是估算时间，大家自己记录时可以更加详细一些。

某通信设备营业负责人的一天

8:45	到达公司。（到达企业所在的大楼）
8:50	抵达自己的座位，展开自己的个人物品并进行整理。（5分钟）
8:55	启动电脑，买一份罐装咖啡。（5分钟）
9:00	查询邮件并回复。（30分钟）
9:30	登录信息网站和SNS，收集信息。（30分钟）
10:00	出席营业部会议。（120分钟）
12:00	午餐。（60分钟）
13:00	参加项目组会议。（60分钟）
14:00	外出，拜访客户。（60分钟）
15:00	在客户处开碰头会。（60分钟）
16:00	碰头会结束后回到公司，制作企划书。（60分钟）
17:00	准备加班，去便利店购物。（30分钟）
17:30	费用报销等杂事。（30分钟）
18:00	团队内部的企划会议。（60分钟）
19:00	制作营业报告书。（30分钟）
19:30	制作向客户提出的计划书。（30分钟）
20:00	工作结束，从单位离开。

有些读者或许会在计算时间后意识到一些问题，如"在这个工作上，我竟然花了这么多时间""我觉得这两项作业可以合并操作"等。

当然，如果你没有注意到这类问题也没有什么关系。阅读第2章后，可以再看看上面这张"一日日程表"，相信一定会有不少收获。此外，你还可以利用手边草稿纸的反面，把自己一天的工作流程、所花费的时间都记录下来。

接下来，本书将对多种现场的无用动线和缩减方法展开论述。

第 **2** 章

探究职场动线

01 ⬗ 重新认识走路的速度和步幅

在思考动线之前，我们先回顾一个场景：从住所到地铁站，以及从地铁站到单位的这段路程，相信大部分人都会选择步行。这种情况下，大家都要注意自己走路的速度和步幅。

正如本书前言中提到的，丰田非常重视员工在工厂内移动的速度和步幅。在思考"工作时怎样选择动线"的问题之前，企业必须先提高全体员工的移动速度。因为如果行动速度缓慢，那么即使选择正确的动线，也仍然不会有很大的成效。

我在郊外办公场所经常能看到弯着腰、有气无力走路的员工。也许是因为身体很疲惫，也许是因为没什么干劲，也许是因为生来如此，但这样的走路姿态实在不妥。在任何情况下，我们都应该挺起腰杆，迈开步子，爽快地往前走。

企业员工注重提高走路的速度，不仅能提高企业整体的行动速度，还能促进个人的身体健康。

通过快速行走，人体中一定时间内的运动量会增加，消耗的卡路里也会随之增多。同时，人的腿部和腰部还能得到锻炼。奥井识仁在其著作《改变人生的 15 分钟快走》（棒球杂志社）

中提到：快走不仅能预防癌症，改善疼痛、失眠、骨质疏松等症状，还能激发体内激素的活性。

下面，我将就快走的步幅进行说明。

我认为**理想的步幅约为"身高×0.45"**。例如：身高为 150 厘米的人，理想步幅约为 67 厘米；身高为 155 厘米的人，理想步幅约为 70 厘米；身高为 160 厘米的人，理想步幅是 72 厘米；身高为 170 厘米的人，理想步幅约为 76 厘米，以此类推。以上所有步幅都比平常行走时稍微大一些，**建议大家再将步幅增加 10~15 厘米，大步向前**。

当然，快走不仅有利于身体健康，还有利于促进大脑活动。东京的丸之内附近是与美国纽约华尔街齐名的商业区，在这里工作的高端商务人士普遍走路都很快。由此可见，**快走不仅能加快大脑的运转速度，还能提高脑力劳动的效率**。

02 在办公室里走回自己座位的动线

早晨我到公司后的第一个动线，是认真向先到的员工打招呼。这个人可能是我的同辈，可能是比我晚进公司的后辈，也可能是负责打扫卫生的阿姨。总之，我会逐一和他们打招呼。

打招呼是基本礼仪，如果这件事情都做不好，我们将很难成为一位合格的商业人士。只有微笑着与周围的人打招呼，我们才能愉快地开启一天的工作。

丰田现场的早晨也是从精神饱满地相互打招呼开始的。日语中的打招呼一词"挨拶"来源于禅宗的问答，"挨"是指打开心扉、靠近，"拶"也有靠近、接近的意思。也就是说，"挨拶"的原意是打开心扉、接近对方。因此，我们打招呼的动线就是指主动向在座的各位靠近。

垃圾掉落后，我们会马上捡起来扔掉。这么做有必要吗？答案是肯定的，因为这也是一件大事。

掉落垃圾后觉得"其他人应该会捡起来"，这样的员工只会推卸责任，工作上终将一事无成。在日常工作中，最重要的就是有当事者意识。自己不小心掉了垃圾，却想着别人会来捡，这就是没有当事者意识的表现。如果最终谁也没有捡起这块垃圾，没有当事者意识的人甚至会归咎他人。

为避免形成这种局面，我们应当养成良好的习惯：看见垃圾，不管是谁掉的，都捡起来。

很多人虽然理解以上行动的必要性，但实际工作中不一定能做到，所以**当我们看见垃圾后，身体需要立即动起来**。通过一点一滴的行动，我们才能在职场中勇于承担起自己的责任。

03 → 早晚进行职场的整理与整顿

我们应当早晚两次进行工作环境的整理与整顿。

晚上下班前的整理工作能够为第二天顺利开展工作做准备。早晨开始工作之前，简单收拾一下自己的办公桌也能让自己心情愉快，开启一天的工作。当然，打扫办公室也有同样的效果，因为随着办公室里的堆积物、灰尘越来越多，打扫起来会越来越麻烦，令人心情沉闷。

丰田的设备工厂都会设定早晚整理和扫除的时间。其中，早晨扫除的重点是将扫除 **"常态化"**。当我们做完每日必须做的事情之后，开展工作的开关就 "啪" 地一声打开了。

日本前棒球运动员铃木一郎因为每次在击球时都会做一些固定动作而为大众所熟知。所谓扫除常态化，就是像铃木一郎一样，将一连串的动作变成一种常态。这样的动作可以是打扫办公桌，可以是喝杯咖啡，也可以是做身体拉伸。

在日常工作中，我们也需要确定适合自己的常规动作，并且每天认真执行。只有这样，我们的身体才能自然切换到工作状态。

做完每日的常态化动作之后，我们就可以进入工作状态，快速处理一天的工作任务了。此时，即使我们接手了难度系数较高的工作，也能勇敢地接受挑战。

例如，上司突然要求想出 100 个新点子。处理这样棘手的工作时，我们可以先将 100 个新想法的任务进行分割，做到"每天早上想 1 个"，并将其作为早晨的常规动作。长此以往，我们就能在不知不觉间实现目标了。

与工作相关的早晨的常态动作

喝杯咖啡

身体拉伸

整理、整顿

早晨的常态 **工作开关"啪"地一声打开了**

➕ 加上

将重要的工作进行分割处理

例如：如果目标是想出 100 个新点子，那么可以每天早晨想 1 个，将其常态化。

我的常态动作是在每天启动电脑之后擦一下桌子，喝一口罐装咖啡。通过这些动作，我打开了每日工作的开关，可以自然切换到工作状态。

04 先确认截止时间，再着手新工作

在办公室工作的人都会用到电脑。那么打开电脑之后，接下来应该做什么呢？有时候会查阅客户或者合作伙伴的邮件，有时候会登录 SNS。一般情况下，我们都会磨磨蹭蹭开始工作。

为了转变这股风气，正如前文中反复强调的那样，我们应当事先确定早晨要先做什么。

如果我们先查看邮件，那么邮件内容可能是新的工作；如果我们登录 SNS，那么查看留言后我们未必会想第一时间进行回复。

如果没有提前确定要先做的事，面对工作时我们就会不知所措。而且如果动线选择失误，最终浪费的还是我们自己的时间。

我在丰田做车辆保修技术员的时候，因为从事的不是办公室的工作，几乎用不上电脑。但正式工作开始之前，我们都会被要求在"作业工程板"前面集合。

现场负责人会先将"谁、在什么时间、做什么"等信息简单明了地公示在作业工程板上，而我们都会按照这一指示，确认一天的工作流程。

我相信这个方法不仅适用于车辆保修技术员，也适用于在办公室工作的人。简单来说，就是要先在手账、工作笔记本上记录今天必须完成的事情，然后进行确认。

此外，**我们还会明确"哪些工作、在哪一天之前必须着手开始"，并设定截止时间。**

例如，面对 10 项不同的工作任务，我们不会从眼前看到的项目，而会从最紧急的项目入手，按照时间顺序依次解决问题。如果最终截止时间相同或者待办事项不是非常紧急，我们还会按照任务性质进行分类。

按照任务性质进行分类时，要考虑任务是否具有创造性。根据这一分类，我们能正确区分在早、中、晚不同时间段内应该开展的工作。

此外，按照任务性质进行分类还能帮助我们处理好工作之间的平衡：早晨头脑最清醒，更适合做具有创造性的工作；中午午饭后，适合做外出联络之类的工作；晚上大脑很疲惫，适合做一些杂物性质的工作，或者常规业务工作。

"因为昨天晚上忘记提交，所以一大早就要处理交通费的报销问题"，这就是工作动线的浪费。为了避免此类问题的发生，我们要严格按照紧急性、截止时间和性质将手中的工作进行分类。

05 快递、文件等要一口气看完

公司内部的快递一般会在早晨送达。收到快递后，**我们不应该把快递放在桌子上不管，而应当马上拆开确认。**因为如果忘记查看快递，可能会给后续工作带来很大的麻烦。

此外，看过的文件要马上整理妥当，不能直接放在桌子上。看完后，也不能直接与其他文件混放在一起。

很多人的办公桌看起来满满当当，但工作效率却很高。这是因为，他们会将同一类型的文件放在目光所及之处以便随时查看。如果是这样，那就不算浪费。所以，我们应当按照文件类型事先进行整理和分类。

工位是工作的空间，用电脑作比喻，则相当于电脑的内存。工位上的空间减少，相当于降低了电脑内存，身体的活动范围自然会受到制约。

增加内存后，电脑运行起来会更顺畅、更迅速。当然，工位的空间无法随意扩展，为了能更好地开展工作，我们必须给工位预留出适当的空间。

06 ⇱ 复印机的战略性配置

工作中，我们常常会往返于工位和复印机之间。接下来，我们将就复印机的动线进行思考。

我刚开始转行做 IT 的时候，发现企业内部有很多员工都在反复往返于复印机与自己的工位之间。正是一开始复印机的位置选择不当，才导致了大家每次使用复印机都要走很长一段距离。

每当看到停在半路犹豫不决的同事，我都会上前询问他们是否需要帮助。由此，我渐渐了解到了他们不断往返的理由。

理由 1：忘拿订书机了

当复印资料比较多时，装订就会用到订书机。这就要求员工必须自己提前准备好订书机，或者在复印机附近放置订书机备用。而那些忘拿订书机的员工，一开始就缺乏动线意识。

理由 2：没纸了，去拿备用纸

出现这个问题，是因为备用打印纸的放置位置不合理。

由于打印纸只供打印使用，所以备用纸理应事先放在打印机附近。

单纯因为其他地方有剩余空间就将打印纸放在远离打印机的地方、将所有文具等办公用品统一放置在固定场所，这些行为都是缺乏动线意识的表现。这样来回取放的行动，造成了大量的步数与时间的浪费。

理由 3：不知道复印方法，需要找总务部的同事确认

这个理由听起来有点儿荒唐，但实际工作中确实有很多人没有掌握正确使用复印机的方法。机器临时出现故障的情况无法避免，但是"黑白与彩色的选择""进行双面复印"都是复印机的基本操作，连这样简单的操作都要去询问他人，这就是动线上的浪费。而且，这样肆意浪费他人时间的行为也不可取。所以，我们必须掌握日常工作需要的基本的复印方法。

我建议企业内部统一使用 A4 尺寸的复印纸，因为这样更便于管理。例如，企业可以规定存储文件的格式和活页封面的种类，统一订购同一款打印纸。当然，这不是单靠一人之力就能解决的问题，但我仍然坚持认为企业必须做到公司内部的统一。

第 1 章提到的"动作经济四原则"中的第二条是"尽量减少必要的基本动作数量"。**由此可见，为了尽量减少日常工作中**

的必要动作，企业必须合理放置办公用品。

当然，放置办公用品还会受到办公室原有构造格局的限制，如电源插座的位置、放置复印机所必需的空间等。此时，企业应当站在实际使用人的角度提前考量办公用品的放置问题。

07 通过改变复印机、碎纸机的位置改善员工动线和整个职场

企业内管理复印机的总务部、管理部负责人应当进行"定点观测",以此掌握大家平时是如何使用这些机器的。

在丰田,经常会有上层部门的相关人员来到工作一线,一动不动地观察整个工作现场。实际上,他们是在确认每一位员工的动线。他们一直在思考:员工的动线中是否存在浪费,如果存在,应当如何去除?

一般情况下,他们会提醒员工本人注意平时容易忽略的问题,并纠正员工因为怕麻烦而采用的不合理的做法。

复印机的摆放位置是否合理会直接影响到整个企业是否会产生浪费,企业必须加强重视。如果每天都在产生微小的浪费,那么日积月累,势必会影响到整个企业。

此外,因为工作成果难以量化,所以一般认为总务部、管理部等后勤部门很难对问题进行评判,但我并不这样认为。

实际上,总务部、管理部是影响整个企业效率的部门,因为他们的安排会影响全体员工的动线。正因如此,在这类部门

工作的员工更应该强化自己的动线意识。

当然，这一观点并不局限于复印机的使用，它同样适用于工作中常见的个人办公用品、公用办公用品的使用等。

例如，有一家公司将碎纸机放置在销售部附近，每当员工使用碎纸机时噪声都会影响销售部人员打业务电话，而经常要用碎纸机的法务部却离碎纸机的位置最远，造成了时间上的浪费。不仅如此，由于该公司将碎纸机安装在角落里，纸屑四处飞散还导致了打扫不便等问题。结果，碎纸机的周围越来越脏乱，甚至破坏了整个办公环境。

直到销售部对此提出了意见，该公司才改变了碎纸机的摆放位置，而这也让许多问题迎刃而解。由此，我们可以看到碎纸机的动线给整个职场带来的深远影响。

我曾经与一家市值超过一万亿日元的企业合作过项目。这家企业找了专业的咨询公司来测算、分析与企业内部业务相关的所有动线，以此来监测以销售部为核心的所有员工的动线。不仅如此，在定期收到监测报告后，这家企业还会专门召开以"如何减少浪费"为主题的会议。

如果企业内部不具备动线分析的资源，那么**依靠专业人士协助解决**也不失为一个好方法。实际上，很多制造工厂已经引进了动线分析工具：首先利用摄像机进行定点观测，然后再由相关的软件测算、规划出最佳动线。

目前，像这样投资专门设备的企业屈指可数。未来，希望会有越来越多的企业主动关注并进行动线分析。

从动线角度看，复印机、碎纸机的位置是否正确？

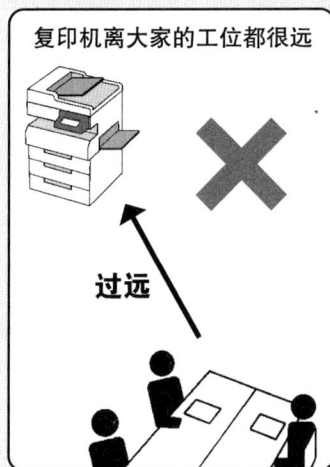

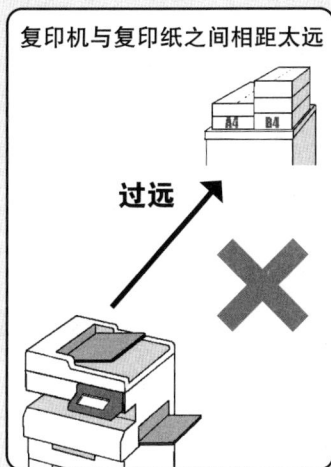

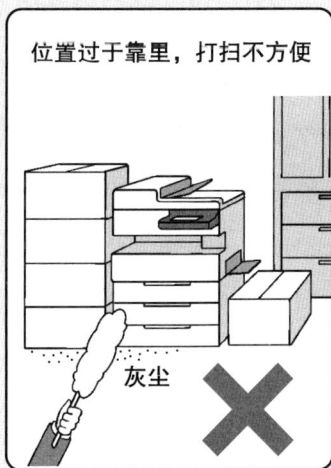

复印机离大家的工位都很远

过远

复印机与复印纸之间相距太远

过远

碎纸机的工作噪声
会影响打电话

位置过于靠里，打扫不方便

灰尘

08 ⇨ 工位位置的安排还用老办法？

不断产生浪费的地方不仅包括复印机的使用，还包括办公桌、办公椅的配置。

你的办公室桌椅是如何进行安排的呢？为了更加顺畅、便利地开展工作，越来越多的企业倾向采用"自由座位"的做法。

按照日本以前的习惯，职位最高的人坐在最里面，其他人会根据入职年限的长短依次安排座位。但"上座""下座"这种昭和时期的想法已经过时，企业应尽力避免按照老办法来安排办公桌椅的习惯，转而以具体的工作为轴心来考虑座位的安排：同一项目的人员坐到一起；关联密切的部门，员工工位应尽量安排到临近区域。

此外，如果企业规模不大，就没有必要为社长单独设立办公室。现在有很多大企业已经不在企业内部安排社长办公室了。

从商业动线、员工动线的标准来看，单独设立社长办公室不利于企业工作效率的提高。越来越多的人发现：很多企业的

是否在按照合理的动线分配座位？

○
- 同一项目的人员坐到一起。
- 关联密切的部门，员工工位尽量安排到临近区域。
- 员工与社长在同一楼层，没必要单独设立社长办公室。
- 利用圆桌召开董事会议。

✕
- 职位最高的人坐在最里面，其他人根据入职年限的长短依次就座。
- 企业内部设立社长办公室。

社长与员工在同一楼层办公，且在按照自由工位原则进行员工与工位的配置。可以说，这正是企业不断追求高效而采取的必要措施。

2019 年，丰田是日本市值最高的企业。值得一提的是，丰田这样一家大企业的董事会议采用的居然是**圆桌会议**的形式。

通常，企业的董事会议会采用方桌形式。丰田的董事会议采用圆桌形式，主要是为了方便董事会成员看清彼此的眼神，并且可以自由、畅快地进行讨论。

为了顺利开展工作，安排好工位至关重要。因此，企业在召开决定企业未来发展方向的董事会议时，更应该采用圆桌会议的形式。

职场中，你的工位桌椅是如何安排的？很多人认为，个人向公司提出更改桌椅的建议势必会增加公司的预算，所以这些事情靠个人的力量是办不到的。

丰田则不然。在丰田，大家不会去想"因为什么具体原因所以我做不了"，而会考虑"**我能做的事情有哪些**"。你也可以按照这个思路认真思考"目前我能做什么"，并从力所能及的事情入手进行改变。例如，你或许无法改变日常工作中办公桌椅的种类和配置，但可以建议改变会议中不合理的座次。

站着办公的优势

让我们换一种思路。假如我们尝试在自己的工位上站着办公，结果会如何？

现在，越来越多的企业开始使用可以站着办公的办公桌。因为站着办公有利于注意力的高度集中，所以这也是一个不错的选择。

我在丰田现场工作的时候，和其他车辆保修技术员一样基本都是站着办公的。当时，我们经常会同上级讨论汽车维修保养的具体措施、确定交车的日程等。开这一类的短会，我们都会站着进行讨论。

决定开会时，很多白领会先花大量的时间提前预约会议室，然后再坐在椅子上进行交谈。我认为，这种把大家聚集到会议室，然后坐在一起讨论的动线非常不合理，还会增加员工的身体负担。

　　因此，企业应当利用站着办公的优点，在企业内部购置站着办公的办公桌，并且设置站着开短会的场所。这样一来，员工开会的时间会缩短，谈话内容的质量也会更高。

09 遵循"电梯法则"

前文提到我们在工作中经常会遇到"开短会"的情况。实际上，在工作中我们也经常会被别人搭话，这非常影响工作效率。例如，上司忽然想起一个问题询问下属，此时下属不得不马上进入与领导对话的状态。领导因为杂事打断下属工作，非常不利于提高企业整体的工作效率。

也就是说，我们和别人搭话时一定要注意场合。在找到恰当时机与对方进行交谈之前，必须事先考虑好交谈的内容，否则只能浪费对方的时间、浪费企业的时间。

我们每次交谈都应当遵循"**电梯法则**"。很多人对这个词并不陌生，它的英文是 Elevator Pitch，直译过来就是"在电梯中向对方强力推销"。

"电梯法则"源于硅谷，原指创业者们在电梯中利用短暂的时间向投资人推销自己的商业计划。因为电梯到达前的时间很短，所以创业者们必须准确地将商业计划要点完全传达给投资人，否则就会失败。同理，我们也应当实现简短、有效的交谈。

很少有人需要在工作中直接面对投资人进行推销，但是短时间内高效传达信息是职场的必备技能，也希望大家都能顺利掌握并利用这一技能。

此外，按电梯这一动线也存在高效与否的问题，因为它涉及按电梯按钮的顺序。

我去丰田本部的时候曾经受人教导"**乘坐电梯时，要先按关门键**"。也就是说，无论到几楼，进电梯后都要先按电梯的关门键，然后再按表示楼层的数字键。这样一来，电梯就可以早几秒关门。有人质疑说："就这几秒钟，至于那么较真吗?"要知道，几秒几秒加起来就是一分钟，一分钟一分钟加起来就是一小时。丰田人在日常工作中就是会时刻注意这些细节。

10 ⬇ 外出动线要实现最短距离

日常工作中，我们经常会外出拜访客户，或者去政府部门办事。此时，我们应当采取简单、快速的行动，外出动线要像用笔在公司与外出目的地之间画一条直线那样简短。换句话说，要尽量在同一地区或同一路线上安排行程。

路上的移动时间无法创造价值，因此应当最大限度压缩这一时间，提前进行安排与调整。同时，**我们也应该考虑如何将不能创造价值的时间变为能创造价值的时间**。例如，我们可以在出发前安排好路上可以处理的工作和问题。

在丰田现场，车辆保修技术员能够掌握所有作业的预估时间。

作业 A：5 分钟；

作业 B：15 分钟；

作业 C：30 分钟。

假设操作时间如上。如果其中一位工程师有 15 分钟的空余时间，他就可以负责作业 B。这样安排，能迅速完成工作的分配。

将路上的移动时间变为能创造价值的时间

完成作业的预估时间

5 分钟：检查待办事项

10 分钟：整理名片

15 分钟：检查邮件

30 分钟：确认资料

估算路上的移动时间，判断自己应该进行哪一项操作

如果有 15 分钟，可以检查一下邮件！

参考以上时间安排：路上的移动时间为 30 分钟时，可以用于确认资料；移动时间为 15 分钟时，可以用于检查邮件。像这样把间隙时间利用起来，就不会造成时间上的浪费。

很多人在路上才开始思考"路上这段时间应该做什么"，甚至会利用这些时间玩电子游戏，这些做法都不可取。

11 ⤵ 休息也有动线

　　虽然我反对玩电子游戏，但我认为工作中还是要注意适当休息，因为精神一直处于紧绷状态对身体有害。这里，我希望你能注意到休息中的动线问题。

　　例如，同客户的会面突然取消时，你可以利用回公司的这段时间转换一下心情，散散步；或者在完成一个任务、承接下一个任务前，利用空档的5分钟简单做一下身体拉伸。我认为，短暂的休息时间也应当有所安排。

　　早晨，丰田的车辆保修技术员会为了转换心情进行短暂的休息，如在工作之前做做身体拉伸、中午在空旷的地方打打排球等。当然，吸烟不能算休息。我担任丰田现场的车辆保修技术员时，经常会利用间歇的5分钟休息时间去吸烟。

　　以往因为吸烟的人多，很多企业会设立专门的吸烟处。但是现在，不吸烟的人越来越多了。当然，我并不是因为自己戒烟了才说吸烟不算休息，而是因为吸烟不仅会伤害身体，还会浪费我们自己的时间。

　　近些年来，企业的吸烟处越来越少，吸烟的人要走很远才能走到吸烟处。像这样一来一回，吸烟起码需要 15 分钟，如果是一天四次，仅吸烟的时间就需要一小时。对员工来说，这样做既浪费了个人时间，也给企业带来了损失。而站在经营者的立场来说，他们一定不希望自己的员工吸烟。

中断手头工作走到吸烟处伤害自己的健康，这种行为毫无益处。

12 关注"三定"

我们再来看一下自己的周围。

前文提到了复印机的相关内容。实际上，日常工作中办公用品的放置也存在动线问题。

例如，丰田现场通常会放置汽车零部件、润滑油、维修工具和扫除用具等。这些物品的放置都有规律，那就是"三定"。

所谓"三定"，指的是定置、定品和定量，即在固定的位置、按照固定的数量、放置固定的物品。

丰田有句话："**工作中的必需品，要确保蒙着眼睛也能拿到。**"在丰田，日常工作不会因为找工具而停下来，前辈们在现场工作的时候，工具都是信手拈来。虽然蒙上眼睛也能拿到有些夸张，但大家在实际工作中基本都能做到"伸手取工具"，而不是"伸手找工具"。

在经销商处进行过车检的人都知道，以前车检需要花费数日，现在基本可以实现"一日车检""45分钟车检"。如果能在经销商的展厅现场等待，车检时间会更短。

为了顺应时代的发展，车检时间实现了大幅缩短，这也是车检现场的员工不断提高效率的结果。

技术员必须在 45 分钟内完成车检，压根没有找工具的时间，因此"三定"至关重要。接下来，让我们分别认识一下"三定"。

首先，是**定置**和**定品**。哪个物品、具体放在哪个位置由使用的频率和距离决定：将自己的常用物品进行归纳分类，按照物品的使用频率与距离进行放置，使用频率越高的物品放得离自己越近。

第 1 章中的"动作经济四原则"提到：从经济学上来说，动作越多，产生的浪费就越多。

因此，放置物品的场所应当避免以下放置方法。

×必须走"之字形"曲折路线才能拿到物品。

×视线必须来回移动才能找到物品。

×必须做蹲下、站起来等大动作才能拿到物品。

其次，**定量**是指放置固定数量的物品。例如，使用复印机时会用到复印纸，使用者应当将适量的纸张放入机器。一般认为没有人会超量放置，因为这种举动会显得"没有常识"，但实际职场中就是存在很多这样不合常理的操作。

例如，企业会准备很多订书机，有一些根本用不上，只会造成浪费。所以如果订书机不够，企业重新采购时应首先确定最低数量，等订书机个数低于这个数量再添置购买。后续只要按照这一原则操作即可。

三定：定置、定品、定量

定置 ＝ **放置在固定的场所**
使用频率越高的物品放得离自己越近

定品 ＝ **固定的物品**
自己经常使用的物品

定量 ＝ **固定数量**
放置数量过多的物品会浪费空间

13 消除三种浪费

前文数次提到了"浪费"一词。实际上，**丰田现场就为提高生产效率提出了"消除勉强、浪费、不齐"的目标**。有些制造企业将这一系列措施称为"三 mu 活动"（勉强、浪费、不齐在日语中的发音依次为"muri""muda""mura"）。那么，企业应如何消除勉强、浪费和不齐的问题呢？接下来，我将从动线的角度进行论述。

▶勉强（muri）

人在工作时或多或少都会因为某些行动而产生浪费。例如，因为制作企划书的截止日期过于紧张而产生的浪费，因为自己的日程表出现问题而产生的浪费等。

首先，让我们来看一下因为制作企划书的截止日期过于紧张而产生的浪费。每次制作企划书都要从零开始，这本就是一种浪费。因为从确认企划书内容到版式设计，完成整个流程需要花费大量的时间。

为了解决这个问题，我推荐的动线是**单个文件多次利用**，

即相同素材可以重复利用。例如，对以往在竞标中获胜的企划书进行内容上的修改后，再次使用并提交。当然，能重复使用的只是企划书中的题材部分，不能原样照搬策划的内容。这样沿用企划书可以避免不必要的重复作业，员工不勉强，企划书的模板也更有说服力。最重要的是，员工能按照模版量产出更多有竞争力的企划书。

其次，因为工作日程安排不当而产生浪费的人也很多，我们要认真思考能否**用一个动作达成两个，甚至三个效果。**为实现这一目标，我们应当养成让思考动线更合理的习惯。

下面，我将通过自己的见闻进行举例说明。

● 新员工将外部研修的总结报告稍加润色，发表在公司内报上。

● 上司同下属一起前往客户公司，特意选坐出租车，以便与下属进行定期面谈。

● 为了工作便利，上司自费购买了带印章的钢笔，以便外出时也能盖章。

不仅在工作中，日常生活中我们也应该积极思考什么样的事情可以一起做，并且养成合理行动的习惯。

例如：一边泡澡一边刷牙；上厕所的时候看书；做家务的时候做身体拉伸等。从日常生活中的小事入手，可以让我们逐渐提高自己行动的合理性。

消除"三mu"：勉强（muri）、浪费（muda）、不齐（mura）

勉强对策
- 单个文件多次利用。
- 认真思考是否能用一个动作达成两个，甚至三个效果。

浪费对策
- 经常思考自己的工作方式是否会导致浪费。
- 与别人合作开展工作时，及时将工作进展告知对方。
- 避免让公司内部资料拘泥于形式。

不齐对策
- 根据时间，探究并安排早、中、晚的具体工作。
- 制定行动路径，重复同一动作。

▶浪费（muda）

有时，工作成果相同，花费的时间却截然不同。此时，我们可以判定花费时间更多的人在动线上存在浪费。为了解决这个问题，我们要经常思考自己的工作方式中是否存在浪费，并反复确认自己的动线是否合理。

与别人合作开展工作时，也应及时将工作进展告知对方，以防双方的信息不对称，这一点至关重要。**首先要做的，是在开展工作之前，确认双方工作的方向没有产生偏差。**

在确定企划书的目录、要点时，双方应共同确认，因为即便事前进行过讨论，具体进行操作时还是容易出现认知上的偏差。

值得一提的是多人合作的情况。因为合作人数众多，意见各异，很小的认知偏差都可能导致一切工作推倒重来。所以，双方必须尽早确认工作方向。

此外，**企业内部的交接资料不需要过于讲究**，否则会导致时间上的浪费。尤其是通过 PPT 制作资料时，更应事先思考是否真的有必要。利用 PPT 制作资料必须考虑字体、配色、动画效果等设计，想进一步制作出别出心裁的 PPT 无疑会加重工作负担。

虽然有很多人喜欢一边自我陶醉，一边将手头的资料做成 PPT 的形式，但是为了提高 PPT 的完成度而花费更多时间，这一行为并不明智。

公司内部资料追求的是本质而不是形式。为了将核心本质准确传达出来，必须将工作量降低到最少。我们不必过于拘泥细节，因为这些只会带来时间与劳动力上的浪费。

当我们要将信息传达给他人时，可以将内容用简单的词语、通过随手笔记等形式逐条记录下来。而且，信息长度应当控制在一张 A4 纸之内。利用手写笔记、进行口头说明与补充，这些做法完全能够将想要传达的信息表达清楚。也就是说，我们要选择以最少时间获得最大收益的动线。

如果工作中有些事情是一直懒得改变的，那么这些工作中一定存在着浪费。我们应当时刻注意自己在工作与生活中存在的"懒惰"。当我们感到有些事情"真是浪费""真是麻烦"时，就应当为了解决这些问题而全力思考。只要我们下定决心解决问题，问题就会迎刃而解。

遗憾的是，现实中有很多人不愿意尝试改变，只会一味地妥协和抱怨。"没事，这样做也行""不行，太麻烦的事情我可做不来"，诸如此类的抱怨都会造成动线上的浪费。

▶不齐（mura）

大致浏览一天的工作流程不难发现：很多人在工作中存在"不齐"问题。**早、中、晚具体应当安排哪些工作才合适？这要求我们必须探究具体的时间安排。**针对同一份工作，时间安排合理的人工作起来会很顺利，时间安排不合理的人则无法集中精神处理各项工作，导致"不齐"的产生。

因此，我们应当努力进行合理的时间安排，减少"不齐"。

我以往工作的地方曾经有个前辈，每次都会在临近太阳落山的时候开始写文档。因为这不是他擅长的工作，所以他一拖再拖，结果一直拖到了快下班的时间。但即使过了下班时间，他还是写不出几行字，最后不得不加班。把不擅长的工作拖到最后做，这种行为就像小学生一直到暑假结束才开始写暑假作业一样，毫无疑问是时间安排上出了问题。

人类大脑的意识活跃度和体内节奏并不是一成不变的。一般来说，上午大脑比较清醒，是能集中处理创作类工作的时间，我们应当利用这段时间思考工作上的新点子。

富有创造性的撰写工作，最好在上班之前着手。因为上班后随时会有同事来打断我们手头上的工作，更容易带来工作时间上的变化。

中午午饭后，适合做与人沟通交流的工作和需要体力劳动的工作。因为吃过午饭后人的注意力很难集中，所以更适合参加会议、进行体力劳动。我常常会为了集中精力而少吃午饭，也会将同客户的会面时间安排在下午。

傍晚适合处理固定业务和杂务。此时接近下班时间，人的大脑经过一天的工作已经进入疲惫状态，我们应在下班之前加快处理杂务的速度。

毫无疑问，公司杂务很快就会被人工智能取代。但现阶段我们仍然要自己动手，尽快将其处理完成。

总之，如果你容易在工作方法上、时间安排上产生"不齐"，就必须提前制定好工作动线。

前文提到，以选手铃木一郎为代表的运动员都会在比赛前做一些固定动作，因为这些动作能帮助他们缓解紧张，让他们迅速进入下一个状态。同理，我们也必须合理安排工作时间和工作动线，以此消除自己在工作上、情绪上的"不齐"。

14 ⇨ 上班路上思考策划案的训练

乘坐地铁通勤的人在地铁上时，一般会做什么呢？在东京乘坐地铁时不难发现，最近越来越多的人会利用这段时间玩手机游戏。

事实上，早晨是头脑最清醒的时候，玩手机虚度这段时间非常可惜。因此在早晨上班的路上，我们可以选择收集信息，开展富有创造性的活动。

选择人少的动线

- **电梯**
  早晨容易排长队

- **午饭**
  人气店门前容易排长队

- **银行**
  发工资当天，银行门口容易排长队

  掌握银行大概什么时间人多，什么时间人少，尽量在人少的时候去银行办理业务。

有人说地铁上太拥挤，根本没有办法看书或者读报。那么这段时间，我们**一边紧握扶手，一边思考策划案**如何？

我们可以一边阅读杂志中的广告，一边思考"如果是我，我会在这里加一个什么标题"；或者一边看商品广告，一边思考"让我来做这个广告，我会用什么样的广告文案""此处刊登的广告是否有效""如果要在广告中加上其他要素，具体加什么最合适"等。这些思考能帮助我们完成**头脑中的商业训练**，所以在利用手机查看信息时，应当尽量避免刷着朋友圈在地铁里发呆。

15 ⇨ 选择人少的时间

前文提到：地铁上太拥挤，根本没有办法看书和读报。但如果我们从动线的角度思考，就会发现乘坐地铁的时间也是时间安排中不可或缺的要素。

处于倍感压力、拥挤不堪的时间和空间是我们不得不面对的问题。很多人按照同一动线行动只会带来身体上的疲惫，诚如投资界流传着的一句话："人少的地方，才有机会。"同理，实际工作中我们也要尽量避免和他人做同样的事，选择人少的动线。

例如，我们可以坐始发车去上班，或者同公司协商避开通勤高峰期，错峰乘车上班。或许现实中比较难实现，但我们仍然应当下功夫，思考如何更好地利用时间。

16 ⇩⇨ 等电梯是否产生了浪费？

　　抵达公司之后的动线也存在合理与否的问题。在东京，大多数写字楼里都会出现大家早上排长队等电梯的情景，这一动线并不合理。

　　根据电梯的性能我们可以推断，大家频繁使用电梯时，每次大概需要等待 3 分钟。如果每天要花 3 分钟等电梯，一年的出勤时间是 260 天，那么**一年中每个人等电梯的时间就是 780 分钟，即 13 小时**。人生中有多少时间是可以用来浪费的呢？我们明明可以利用这 13 小时做更多更有意义的事，而不是等电梯。

　　为了解决这个问题，**我们可以提早出发到单位，这样就可以在电梯空闲的时候坐上电梯；在低楼层上班的人可以直接走楼梯**。如果每天都走楼梯，那么等电梯的时间就会转换成锻炼身体的时间，不算浪费。

17 🔼 通过改变动线增加时间

　　午餐时间也同样存在动线问题。办公楼附近的餐厅一到中午用餐时间就会非常拥挤。如果是人气餐厅，那更是需要大家一脸疲态地排长队。午餐时间是宝贵的休息时间，而排长队无法让人放松。

　　和前文提到的早晨等待电梯时的情况一样，日本人为了保持与他人步调一致，经常会排队。发工资当天的银行或者邮局都会面临同样的情况，大部分人都会在同一时间做同一件事。

　　决定去某个场所之前，我们应当事先了解这个地方大概什么时间人多，什么时间人少，并尽量选择在人少的时候去。

　　中午吃饭的时间，可以考虑定在十一点半左右。据说某些企业的午餐时间不能随意更改，这非常不合理。企业需要重新思考这样的制度是否切实可行，是否更有效率。

　　例如，发工资当天银行外很可能会排长队。为了避免排长队，我们应当思考是否可以改在人少的时候办理业务，以避免时间上的浪费。

　　这种思路不仅适用于工作，还适用于休闲娱乐，如看电影、去游乐园玩耍等。避开拥挤不堪的时间段，我们才能更加舒适地玩耍，飞机票、酒店的住宿价格也相对更便宜。

此外，便利店的收银台处也很容易排长队。有些店铺使用了自助收银台，但很多人并没有选择这种方式结账。

这个问题曾在推特（Twitter）上引发热烈讨论。一家电子音像租赁店提出"利用自助收银台结账积分翻倍"的优惠活动，但顾客仍然选择在人工收银台处排长队。即使在自助收银台结账能节省时间、得到双倍积分，大家仍不为所动。

当店长问排队的顾客为什么选择人工收银台结账时，得到的回答是"人工结账更方便"。这种想法当然是错的。店铺花费高额资金引进自助收银台，不仅能节省顾客的排队时间，还能减少店铺的人工费，让店铺产生更多的利润。我们的社会就是这样逐步进化与发展的，所以夸张一点说，那些不去自助收银台结账的人大多都是脑筋死板的人。

不仅是音像电子租赁店，新干线的自动售票机也存在同样的问题——自动售票机前人员稀少，绿色人工窗口却排着长队。不愿意尝试过去没有使用过的新设备，这就是思维僵化的表现。

综上，我们应当错开与他人同样的动线，并且勇于尝试利用更先进的方式和方法。

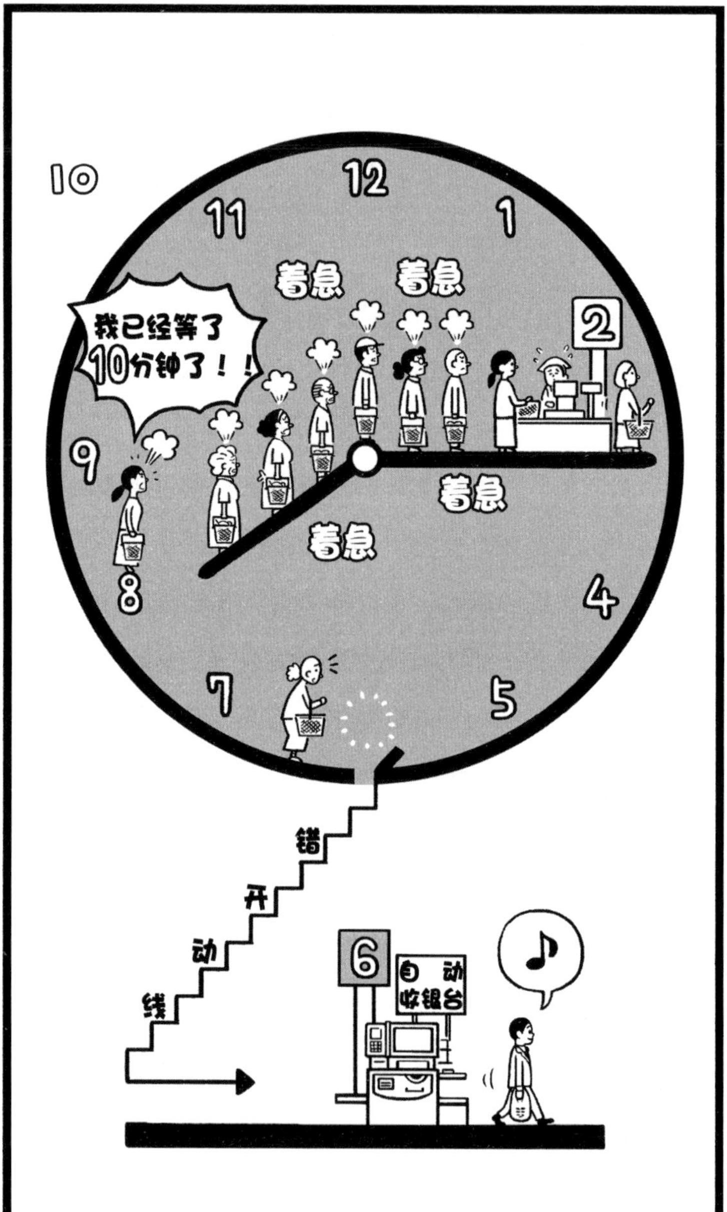
10
我已经等了10分钟了！！
着急
着急
着急
着急
2
错开动线
6
自动收银台
♪

18 与他人谈话时眼睛的动线

你是否经常在规模 20 人左右的会议上发言？我刚在丰田现场工作的时候经常需要做三件事：一周一次在早会上发表自己的意见；接受培训学习后，在全体学员面前总结发言；有时候也会在参加的各种会议上发言。

一对一开会相对比较简单，但是当参会人数达到 20 人时，与参会人之间的眼神交流，即**"视线动线"**就显得尤为重要了。

我们常被教导"与人说话的时候要看着对方的眼睛"，但如果参会人数多达 20 人是无法实现看着每个人的眼睛说话的。当然，这种情况下也没有人会要求你始终做到与每个人都有眼神交流，但是擅长与人交流的人会让人感到他十分之三的时间都在看着大家，而剩下的十分之七的时间都在看全体人员的中后方。如果他只关注前方的听众，那么后方的听众就会感到被忽视，而如果他的眼睛注视着中后方，就会让大家感到他是在看着大家发言。

也就是说，**在多人会议中发言时，我们可以将整个会场一分为四，按照符号"∞"的方向移动自己的视线，让听众感觉到我们在认真发言。**

此外，我们不仅要注意自己的视线动线，也要注意听众的视线动线。例如，当我们提到"今天为 5 辆车进行了车检"时，可以伸开自己的手指来表示"5 辆车"这一数量。而如果我们参加的是 20 人以上的会议，应当尽量把手举高，让 20 多个人都能看到。同样，这也是非常适合店长们在早会上进行的操作。也许有人会觉得多此一举，但这个动作的确可以起到诱导对方视线的作用。

我在丰田接受内部培训的时候，如果讲师一直讲，学员就会犯困。而如果讲师能配合适当的身体和手部动作进行演示，学员就不会觉得枯燥。

例如：讲师可以在提出"今天我们要讲三个问题"时举起三根手指；提出"首先是第一个问题"时举起一根手指；提出"接着是第二个问题"时举起两根手指。像这样，一边做数字动作一边进行说明不仅能诱导学员的视线，还能加深学员对讲师的印象，方便讲师更好地展开话题。

综上，**与人谈话时，我们不仅要关注自己的视线动线，也要关注对方的视线动线。**

第 **3** 章

探究日程表动线

01 外勤日与内勤日的安排要张弛有度

本章我们将探讨日程表的调整和会议中的动线。大多数岗位都有与他人会面的安排，有时是对方来自己单位，有时是自己去对方单位，这里面就存在日程表调整的问题。那么，**调整日程表时，合理的动线是什么？我们应当按照怎样的路径行动？**

我们仍以丰田现场为例。有人认为在丰田做汽车保修技术员不需要出外勤，但实际上并非如此。我们出外勤的机会可以说相当多，有时是为客户取车，有时是汽车检修完毕后替客户试车，有时是去配件销售中心取零件，有时是汽车保养完毕将车交还给客户。

这些时候都会考验技术总监动线设计的能力，即总监会如何安排技术员负责哪些具体工作。一旦安排不得当，就会造成时间上的浪费。

第一要点是不需要全员出外勤，应当区分、安排好出外勤的技术员和留在现场负责汽车检修保养的技术员。此时公平原则并不适用，因为安排所有的技术员出外勤只会降低工作效率。

技术总监应当按照具体的工作内容安排不同的技术员，而不应当顾虑是星期一还是星期二，也不需要把员工的外勤时间统一在同一时间。

外勤日与内勤日必须做到合理分配，张弛有度。技术员出外勤时，首先要做好各项准备工作。同时，因为中途的移动时间有限，所以也要做好移动时间内的工作安排。

综上，**出发准备会面时，我们必须先集中做好会面的准备工作，然后再思考有没有其他需要处理的外勤工作，或者有没有能顺便一起解决的问题。**

02 ⟱ 提前到达会面地点

会面当日，如果是去对方单位，必须做到"**提前到达会面
地点**"。

首先，我们应当尽快完成单位内部的工作，尽早出发。日
本地铁的准点率领先世界，但我们也应当认识到：即使准点率
高，地铁也有可能会晚点。如果地铁晚点，我们就会担心能否
按时抵达会面地点、是否需要提前联络相关人员。这样不仅会
徒增自己的工作量，带来时间上的损失，还会因为迟到丧失自
己的信用。

因此，我们必须提前到达会面地点，并且尽量把需要做的
工作安排在会面地点附近完成。

当今时代，工作环境发生了巨大变化。早到 10 分钟，晚到
10 分钟，虽然都是 10 分钟，却有着天壤之别。因为迟到而造成
巨大损失，得不偿失。

我有一个朋友经常进行演讲，他就是那种总爱迟到的人。
虽然这个毛病也不算什么大问题，但却导致他无论做什么事都
会拖到最后才行动。因为要去日本全国各地演讲，所以他乘坐

的交通工具也不同。有时候是地铁，有时候是新干线，有时候是飞机。就这样，他经常因为天气、交通事故等非人为因素影响而迟到。他甚至会因为无法到达目的地城市而不得不临时取消演讲。

虽然是受天气、交通事故等非人为因素的影响，但邀请他去演讲的企业和个人还是越来越少。至于原因，只要我们站在主办方的角度上想一想就不难理解了。

主办方辛苦策划并举办演讲活动，演讲人却在最后时刻才到达现场。他甚至会出于各种各样的原因而无法出席，这些都会让主办方的负责人很紧张、很被动。主办方不仅要向现场已经落座的各位听众道歉，请他们回去，还失去了大家对主办方的信任。我相信，对方下次绝不会再同这样的人一起共事了。

因此，每次参加演讲活动我都会列好时间清单，提前数小时抵达会场附近。得益于此，以往十几年间，我从未在各地的演讲活动中迟到。

03 ⬐ 出差前制作行李确认清单

出差时，动线会急剧增加。例如，购买飞机票、新干线的车票，打包行李等。近年来，日本国内的行程基本都能实现当日往返，因此基本不需要考虑住宿问题。

我在丰田做技术员时基本不需要出差，但我在 IT 行业工作时需要频繁出差。当时，同我一起出差的很多年轻人都处理不好动线问题。例如，每次出差他们都有忘带的物品，只能在出差地慌张购买。如果买不到，就只能作罢。而且，他们经常会在飞机出发的前一刻才赶到机场的会合地点。我询问他们原因时，他们一般会说："因为在出发当天的早晨我才开始收拾行李。"

按理说，每次收拾的物品都大致相同。但即便如此，每次收拾行李时他们依然很慌张，会花费大量的时间，这就是不合理的动线。

在丰田现场，所有工作都会有一个事项确认清单。操作人员会一边查阅事项确认清单，一边作业。这样一来，大家都能顺利完成作业，不会有遗漏事项。我认为，这种做法同样适用于出差的场合。

近年来，很多企业会邀请我做演讲，所以我经常在日本全国各地飞来飞去。我会提前准备行李确认清单，让出差的准备工作更加轻松。一边对照行李确认清单，一边收拾行李，等最终确认完毕，行李也收拾好了。因为收拾行李没有造成动线上的浪费，需要带的东西也不需要一件一件现场思考，所以收拾行李对我而言毫无压力。

值得注意的是，如果出差时间长达三天两晚，就会有遗漏物品的风险。因此我建议大家制作"两天一晚""三天两晚"的行李确认清单，并对照清单收拾行李。当然，行李确认清单并不是一成不变的，还需要我们根据不同的需求灵活调整内容。

除了行李确认清单，我还有一份演讲物品的准备清单，包括笔记本电脑、提示器、电源、白板、签字笔等。同时，也包括演讲现场不能遗漏的事项，如确认麦克风的音量、确认投影仪是否正常、确认相关动画的演示情况等。

制作清单并一一确认，就不会让我们在演讲、在做任何事情时因为发生遗漏事项而恐慌。

确认清单的制作与维护是减少动线的必要前提。你也可以在日常生活中尝试制作行动清单。

出差行李确认清单

- ☐ 飞机、新干线的预约（购票）
- ☐ 酒店预约
- ☐ 手账
- ☐ 钱包
- ☐ PASMO（月票卡）
- ☐ 名片夹 + 名片
- ☐ 目标客户的信息
- ☐ 笔记本电脑、电源、提示器、充电器
- ☐ 书籍（个人阅读用）
- ☐ 衬衫、袜子、内衣
- ☐ 折叠伞
- ☐ 洗脸巾、手帕、纸巾
- ☐ 常用药
- ☐ 书籍（销售现场使用）、发票、签字笔
- ☐ 其他

04 ⇗ 根据"边际效用递减法则"，应在上午开展工作

让我们回到关于会面的话题。在确定与对方会面的时间时，应避免将时间安排在自己无法空出的工作时间。

这里提到的"无法空出的工作时间"是指午饭前的时间。第2章中简单提到过，上午是大脑活动最活跃的时间。因此在这段时间里，我们应当充分利用大脑开展富有创造性的工作，如思考新点子、思考企划案等。同时，我们也应当避免将与他人的会面时间安排在上午。

下午大脑开始疲劳，更适合做与人交谈、会面等大脑负荷较低的工作。临近傍晚时大脑经历了一天的工作非常疲惫，更适合处理经费报销、制作文件等杂务。

经济学中有一个定律叫"边际效用递减法则"。在其他条件不变的情况下，如果连续、等量投入的要素（劳动力、资本）达到一定产值，所提供的产品增量就会下降。

消耗一定时间进行思考，大脑输出的信息是高品质的。但当时间消耗到一定水平时，大脑输出的信息质量就会开始下降。

在工作中应用"边际效用递减法则"

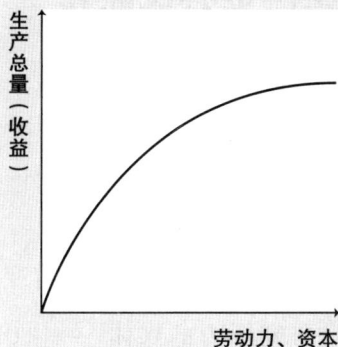

边际效用递减法则
‖

在其他条件不变的情况下，如果连续、等量投入的要素（劳动力、资本）达到一定产值，所提供的产品增量就会下降。

生产总量（收益）

劳动力、资本

美国斯坦福大学客座研究员亚历克斯·琼金·潘在其著作《硅谷式好好休息》（日经 BP 社）中提出，数十年的科学研究表明，一天内人类脑力劳动的时间应该控制在四小时以内。如果这样换算，那么早晨九点开始上班，四个小时之后就应当是下午一点。

因此，**在办公桌前开展的脑力劳动应尽量在上午完成。**将与客户会面、杂务工作放在上午完成的人应当重新调整自己的工作日程。

第 1 章中提到的"动作经济四原则"中，最后一项是"尽量使动作更轻松"。为了实现这一目标，我们必须在适当的时间开展适当的工作。

05 ➡ 下班后，生活应当有所变化

工作日（周一至周五）下班之后，我建议你安排富有变化的日程表。在日本，有一家专门研究压力的媒体——"OFF LAB"。其调查研究表明，**人的压力大小取决于下班后的日程安排。**

压力小的人，下班后的生活往往丰富多彩：在开启新的一周时，他们会去健身房、忌酒、做自我护理等；在一周的中期，他们会花时间购物和早睡；在周五的时候，他们会约会或者与朋友相约喝一杯。

与此相反，压力较大的人下班后通常会在外面就餐或者持续晚睡，基本没有什么节奏可言。

常言道：该行动的时候行动，该休息的时候休息。对我们而言，张弛有度是生活所必需的。

06 　将下班时间定为工作的截止时间

　　工作一般都存在一个截止时间。那么面对截止时间，我们应当采取什么样的动线呢？答案是，自己设定属于自己的截止时间。

　　有一个概念叫"帕金森法则"，说的是人们会把给予的时间与金钱全部花光。换句话说，不到最后的截止时间，我们就不会行动。就像小学生过暑假，不到最后几天是不会开始写作业的。当然，我们不是小学生，应当学会自己提前确定好截止时间。

　　丰田现场有句名言：**将自己置于最危急的状况中**。就像火灾现场爆发蛮力一样，在危急状况下，人才会充分思考并不断努力。

　　将自己逼到危急状况中，前提是自己设定截止时间。一般情况下，我们都会按照设定好的截止时间行动、开展工作，并且尽最大可能在截止日期前完成任务。

　　因此，**即使是没有截止日期的工作，我们也应当制定自己**

的规则并执行，如一小时完成、按时下班等。

　　为了在规定的时间内完成工作，我们会很自然地进行各种尝试。同时，我们也会根据最终的截止时间进行推算，以更好地进行时间分配。**最便于设定的截止时间是下班时间，所以我们可以先确定好每天的下班时间，再以此推算并合理安排一天的工作时间。**

07 充分利用 "25%原则"，重视与他人的约定

我在《改变自己的丰田时间管理》（KANKI 出版社）一书中提出了 "25%原则"，意思是**将设定的交货日期或者固定期限缩短25%**。

缩短截止日期的 "25% 原则"

75% **25%**

- 20 天后→15 天后
- 8 小时后→6 小时后
- 1 小时内→45 分钟内

将设定的交货日期或者
固定期限缩短25%。

假设设定的截止日期是 20 天后，那就自我设定到 15 天后；假设是 8 小时后，那就设定到 6 小时后。如果是 1 小时内必须提

交的策划案，那么尽量在 45 分钟内完成。我曾试图将时间缩短一半，但在实际工作中，尤其在工作量太大的时候根本完不成。于是，我慢慢摸索出了"25%原则"。

例如：上司在周一安排了做策划书的工作，并要求周五之前完成。这种情况下，为了完成任务，我们必须提前在周四做好。

在自己给自己设定截止日期方面，很多人会产生畏难情绪，担心自己不能按时完成，对自己没什么信心。为了解决这个难题，我们可以选择**在工作后"与他人约定做某事"**。**例如**，下班后与朋友约饭、参加兴趣班、看话剧、看电影等。我们应尽量把这样的约定安排到日程表中。

如果事先有了约定，我们就会顾虑"迟到会给对方添麻烦""迟到会浪费钱"，就能自觉做好会面前的准备工作。

此外，自己安排工作还能消除"别人强迫我工作"的感觉，自发去工作。

自发行动能大大提高我们工作的积极性，所以我们要时常思考工作动线，以及如何在工作中运用知识、发挥智慧，让自己按时下班。在自我设定截止日期时，你不妨试一试"25%原则"和"与他约定做某事"的方法。

08 ⬇ 消除会议浪费，从重新审视会议时间开始

工作中，最容易产生浪费的动线就是"会议动线"。我在丰田工作时多少参加过一些会议，而转做 IT 行业后，会议陡然增多了。而且，其中有很多根本就没有必要开的会议。

请你回想一下自己参加过的会议的开始时间与结束时间。一般情况下，例会都会选择在 9 点、13 点这样的整点时间开始。而且，大家都习惯性地认为会议时间是以小时为单位计算的，从 9 点开到 11 点，从 13 点开到 15 点都是正常现象。

丰田现场有**"质疑常识"**的工作习惯。例如，会议开始时间为什么必须是整点？实际上，会议可以从任何时间开始，"从 ×点 15 分开始"的非整点会议才是有时间概念的表现。

丰田现场的会议开始时间也是这样安排的。例如：13 点 45 分召开销售会议；15 点 15 分召开技术会议。而且，会议时间不会被默认为以小时为单位计算，既可以是 30 分钟，也可以是 15 分钟。如果没有具体议题，时间会被控制在 10 分钟之内。

本日会议：10 点 10 分～10 点 40 分

本日议题：

· A：10 点 10 分～10 点 20 分

· B：10 点 20 分～10 点 30 分

· C：10 点 30 分～10 点 40 分

这样安排会议，会让参会者拥有更强烈的时间观念。或许有人希望大家花时间就会议中的 A、B、C 三个议题进行充分讨论，所以故意拉长会议时间。但事实上，这只会让会议内容拖沓、废话连篇。

谷歌经常开 5 分钟、10 分钟的短会，**且开会时一定会在明显的位置配备时钟。**由此可见，谷歌的时间意识非常强烈。

09 ⤵ 做好会前准备

选择参加会议的具体人员时也需要经过认真考虑。日本企业的会议中常见"这个人职位高，必须请他出席""为实现信息共享，应当全员参加"等浪费行为。

我们会经常看到这样的情景：会议室里坐满了人，但发言者却不足半数。实际上，实现信息共享有多种途径，而且职位较高的人的时间更为宝贵。因此，参加会议的人不能随意邀请，和这个人的职务高低也无关。**出席会议的，必须是能就会议议题提出解决办法的人。**

亚马逊曾提出：参加会议的人数上限应当是"能分享两个比萨的人数"。这个提法不好理解，实际上能够分享两个比萨的人数是 8 人。也就是说，**参加会议的人应当控制在 8 人以内。**

此外，会议开始之前，应当将讨论议题事先通知参会者。丰田召开会议前经常会说"**请准备好备用方案**"。

在会议中，"我反对"这样的回答只是个人感想，小朋友也会说。作为职场人，我们必须在提出反对意见的同时表达出更有建设性的建议或者看法。为了让会议顺利召开，必须在会议召开前将会议议题通知参会者，让其能够及时准备好备用方案。

　　顺便提一下，谷歌的要求是：在召开会议的 24 小时前，将会议议题通知到各位参会者。

10 ⇨ 安排会议座次

接下来，我们将探讨会议开始之后的动线。

首先要注意的是会议室的座次安排。当然，这里指的座次并不是传统意义上的"上座"和"下座"。我们必须先确认召开会议的目的，然后再根据目的安排座次。

本书第 2 章提到：丰田的董事会议采用圆桌会议的形式进行，但是普通企业在召开会议时通常不会采用圆桌会议的形式。正因如此，我们才更应重视会议的座次安排。

例如，**为掌握会议的主导权，发言者应该坐在邻近白板的座位上**，这样才能及时在白板上写出重点以表达自己的意见（会议召开前，请务必提前准备好书写用的白板）。

在白板上书写重点、画图展示内容等做法，有利于加深参会者的理解。

一般情况下，会议结束后上司会命一名参会者（一般是最年轻的员工）做会议记录。为完成会议记录，这位参会者会耗费一定的时间。

实际上，企业并不需要专门做会议记录。只要让会议组织者在会议过程中将发言要点写在白板上，最后用手机拍成照片发给每一位参会者就可以了。如今，将手写内容转换为数字内容的方式多种多样，我们可以充分利用多种形式进行转换。

而且，从其他参会者的态度来说，座次的安排也尤为重要。与自己面对面的位置虽然方便我们与对方进行交流，但是当对方持反对意见时，这里也是最容易受到攻击的位置。与此相反，如果相邻而坐，对方心理上会因为产生亲近感而不愿意提出反对意见。所以，**会前如果认为有人要提反对意见，可以尽量将这个人的座位安排在自己的邻座，以保证会议能顺利进行。**

关注会议动线：会议座次安排与会议进行

会议座次安排
- 为掌握会议主导权，发言者应坐在邻近白板的座位上。
- 便于与眼前的人进行交流。
- 邻座的人不容易提出反对意见。

会议进行
- 一开始就明确会议目标。
- 会议负责人注意时间与进度。
- 最后，确认会议是否达成了会议目标。

11 ⏩ 消除会议浪费的好习惯

接下来，我们继续探讨会议进行中的动线。会议动线的第一要务，是在会议一开始就明确会议目标。当然，会议目标可以不止一个，多种多样。例如：信息共享的会议、决定方针的会议、提出新想法的会议等。

然而在实际工作中，我们经常会遇到这样的情况：原本是参加提出新想法的会议，但最后却只进行了信息共享。会议结束后，大家一边质疑"会议怎么就这样开完了"，一边走出会议室。

会议目标不明确就是在浪费时间。**我们必须在会议一开始就直接将会议目标传达给每位参会者。**如果是 30 分钟的会议，那么目标就是"30 分钟后，大家都知道会议结束后自己应该做什么"。当然，我们更应当在召开会议之前就将会议目标传达出来。

前文提到，谷歌的要求是：在召开会议的 24 小时前，将会议议题通知到各位参会者。会议开头再次重申会议议题，有利于在计划的会议时间内，让参会者针对议题充分展开讨论。

在召开希望大家提出新想法的会议时，请参加者发言需要注意一件事，那就是**避免因为主题范围过于宽泛而影响大家提意见**。例如："为了改善业务，什么方面都行，请大家出出主意吧。"这样的会议主题就过于宽泛。

正确的做法，是尽量将会议主题限定在一定范围内。例如："我们计划将申请书中业务跟进的时间缩短 10 分钟。为了实现这个目标，我们应当怎么做？希望大家能提出自己的意见和想法。"

此外，会议时间也要设限。前文提到，谷歌召开会议时，会在会议室的明显位置配备时钟。同理，**我们在召开会议时也应当配备计时器，提高大家的时间意识。**

同时，会议主持要一边提醒发言时间一边推进会议进程。例如："距离会议结束还有 15 分钟，接下来我们将讨论最后一个议题。"

还有一种常见的情景是在会议中分发大量资料，让参会者一边查阅资料，一边参加会议。此时，参会者会因为时不时翻动手中的资料而忽略发言人说的话，而分散参会者的注意力对整个会议没有任何益处。特意花费时间将相关人员聚集到一起，却没有实现会议目标，这就造成了时间上的浪费。

丰田的会议资料一般被限制在一页纸内。这张纸上只罗列内容概要，通过口头补充的形式，由发言人一边进行说明，一边推进会议讨论。

如果条件允许，我们可以利用投影仪将会议议题展示给参会者，然后进行讨论，将讨论意见写在白板上。总之，**会议中准备大量的会议资料并不明智，只会阻碍参会者的视线动线。**

此外，参会者必须在会议中参加讨论并发言。前文提到，选定的参会者，必须是能针对会议议题提出解决方案的人。但实际上，有的参会者就是不会主动发言。遇到这样的参会者，会议主持人应当主动提出："××是怎么想的？请发表一下你的看法。"这样，就避免了参会者动线上的浪费。

会议的最后，要重新回顾此次会议是否实现了会议目标，并且确认每位参会者将如何开展后续的工作。

以上，就是会议的基本流程。

现在，越来越多的人是为了开会而开会，他们会因为要参加多个会议而满心欢喜地抱怨自己很忙，但实际上大家都明白，**会议是实现目标的手段，不能为了开会而开会。**

12 ➥ 尽量避免使用激光笔：会议中的视线动线

第2章提到，要让听众的视线动起来。会议中，这一点也同样适用。需要注意的是，会议过程中应当尽量避免使用激光笔和提示棒等工具。

我去日本全国各地进行演讲时，会场经常会提前准备好激光笔和提示棒，但是我从来不用。

原因是提示棒的长度不够，能提示的地方也不同，无法轻松起到提示作用，需要演讲者慎重思考具体应该指到哪里。而且，用提示棒指屏幕时还会发出"砰"的一声，导致整个屏幕晃动起来，模糊听众的视线。

使用激光笔时，比起激光笔指到的文字和画像，听众的眼睛更容易追随着光跑，导致分神。而且一旦激光笔的光稍微有所晃动，听众就会想"发言者是不是有点紧张啊""这个光的颜色很漂亮啊""这个激光笔是什么牌子的，看起来质量不错"。

所以为了避免分散参会者的注意力，会议中我不建议使用激光笔这类工具。

此外，会议中经常会一边投影 PPT 的资料一边展开讨论，一旦投影的资料中有文字和图表，就容易让参会者分散注意力。所以，我们必须格外注意参会者的视线移动。我的具体做法是：在演讲中按下投影仪控制键盘上的"B 键"让画面变黑，以便大家集中精神进行讨论。建议你也记住这个应用——黑屏 B 键。

请注意，如果会场本身的照明是关闭状态，按下"B 键"会让整个会场变黑。这种情况下，直接按"W 键"屏幕就会亮起来，呈白屏状。

13 ⇨ 偶尔站着开会，让开会更高效

第 2 章中提到"站着办公"，但是提到开会，大家还是习惯坐在会议室内。当然，从动线角度考虑，这种做法效率很低。

根据不同的会议内容，如果能站着开个短会，工作效率显然会高很多：不需要调整工作日程，不用坐下，简单几句话就能讨论清楚，几分钟内会议就能结束。

日本很多企业都导入了这一工作方式。例如，日本人气生活用品公司爱丽思欧雅玛早在十多年前就开始实行"站着开会制度"，日本佳能董事长酒卷久也提倡员工"无椅子办公"。

一直站着讨论，腿会发酸，身体也会吃不消，人们自然会为缩短会议时间而进行多方面的思考，如"一直站着吃不消啊，应该早点结束这场短会""我就只说重点吧"。

此外，一直坐在椅子上开会还会危害身体健康。鉴于以上原因，我建议打破"坐着开会"的传统观念，偶尔尝试一下站着开会。

第 **4** 章

探究办公桌动线

01 ⤵ 把常用文件放在手边

我们会在自己的办公桌上度过一天中的大部分时间，因此办公桌上的无用动线越多，造成时间上的浪费就会越多。那么，办公桌上的无用动线的源头在哪里呢？首先是**办公桌周围的物品摆放**。

从动作经济这一角度出发，我们就能充分理解自己应该怎么做了。让我们重新回顾一下"动作经济四原则"。

原则 1　作业时，两手应同时进行同一任务。

原则 2　尽量减少必要的基本动作数量。

原则 3　尽量缩短各个动作间的距离。

原则 4　尽量使动作更轻松。

根据以上原则，擅长使用右手的人如果想一边打电话一边做记录，就应当左手拿听筒，右手用笔进行记录。具体分解一下这个动作不难看出，我们可以事先安排好电话与笔记本的位置。

同理，擅长使用右手的人可以将经常使用的文件放在右手边容易拿取的位置。事实上，这些都不是可有可无的小事，**我们每天都要思考"如何减少这些琐碎工作的动作步骤"**。

　　我发现很多企业员工会习惯性地把常用的文件资料收纳在橱柜中，等需要的时候再离开座位去拿；明明擅长使用右手，却把文具放在左侧的抽屉里，导致每次用时都要转身去拿。

　　随着动作的增加，花费的时间也会增多。也许一次浪费的只是几秒钟，但随着时间的积累，一年浪费的时间总量将不可小觑。

02 查找资料的 "10 秒原则"

查找资料时，可以给自己设定一个"10 秒原则"。

我在丰田现场负责汽车的维修工作时，因为螺丝所在的位置不同，有时会以不自然的身体姿势拧螺丝。但当我进行这样的操作时，前辈总会突然要求我递棘轮给他。因为我身体还扭着，不能第一时间将棘轮递给他，所以经常挨批评。就像手术过程中医生向助手要手术刀时，助手却低着头回答："哎？手术刀放哪儿了？"无论身处什么状况，我们都应当在 10 秒钟之内将工具传递到需要者的手中。

希望大家都能**在 10 秒钟以内找出自己常用的文件和工具**。如果超过 10 秒，那就证明你需要开展整理、整顿工作了。

03 ⇗ 确定物品的摆放位置，提高检索率

第 2 章我们就如何开展物品摆放的整理、整顿工作进行了说明，那就是"三定"——决定物品的放置位置。

丰田现场流传着一句话：**不要找东西，而要取东西**。物品没有放在自己应该在的位置，人才会采取"寻找"这个动作。如果放置的场所是固定的，就不需要找。

没有人会在下班后一边找自己家，一边往回走。即便有时候喝醉了酒，我们也会发现自己不知不觉回到了家，因为"家"的位置已经深深刻在了我们的脑海中。因此，我们应该固定平时工作中常用的工具的放置位置，做到即使喝醉了也能把工具拿出来。

使用笔记本电脑时，我一般会在右侧放打开的手账和钢笔，左侧放手机并进行充电。这样即使蒙上眼睛，我也能轻松找到需要的物品。

除了物品的摆放位置，我们还应该在提高物品检索率上下功夫。例如，放入橱柜的资料种类烦琐，所以要按照不同类型

放在不同的橱柜中，贴上标签以便分类查找。

此外，**办公桌上的文件也应当竖立存放，**因为横向摆放会导致文件堆积，不利于检索。换句话说，如果文件找起来不便，就会造成时间上的浪费。

同样，**纸类文件占用空间且难以检索，建议尽量使用 PDF 版本的电子文件进行管理，每个月整理一次资料。**或许有人会抱怨："工作太忙了，根本没有空闲整理资料。"但实际上，这样的整理、整顿能够大幅减少后续文件再次使用时的查找时间。

04 下班前，将自己的办公桌收拾整齐

下班前，我们应当花 3 分钟时间将自己的办公桌收拾整齐。在这方面，丰田有一项规定：**办公桌上只放现在一定要用的物品**。因此下班时，丰田办公桌上的文具、文件都会被收起来。正因为做了这样的处理，员工第二天上班时才能迅速投入到新工作中。

提到办公桌动线，最重要的就是活动空间。如果办公桌上没有充足的活动空间，员工就很难顺利开展工作，导致工作效率大幅降低。

05 抽屉中的物品摆放也要坚持 "三定" 原则

很多人把办公桌收拾得整整齐齐，但抽屉里却乱七八糟。或许他们认为办公桌只要看上去整齐就可以了，毫不在乎抽屉内部的物品摆放，也或许他们根本就不擅长整理物品。我认为，没有收拾抽屉内部的习惯，往往是因为没有将这一整理工作机制化。

实现整理工作的机制化，首先要采取放置物品的"定量"措施：第一，控制摆放物品的个数；第二，控制摆放空间，避免增加物品数量。也就是说，要事先确定物品摆放的最大数量。

其次，要开展"定置"工作。重视使用频率高、效率高的动线，并以最短距离、最少动作完成为基准确定物品具体的摆放位置。

公用收纳箱也应当摆放在固定位置。我建议在收纳箱外侧贴上标签，并在标签上注明物品的名称、所在位置等信息。当然，也可以贴上内部放置物品的照片，这样即使不打开收纳箱，也能一眼看出里面具体存放的物品。

一般情况下，我们习惯于将物品堆积在眼睛看不到的地方。但是漫无目的地寻找物品只会造成动线上的浪费，所以我们应当实现物品的可视化管理，减少无用动线。

抽屉中容易堆积的大都是过去使用过的文件。因为担心什么时候会再用到，所以我们会将这些文件放在抽屉中。针对这样的文件，我们应当以"时间期限"为判断基准进行及时处理。例如，可以在文件中贴上"3 个月内有效""1 年内有效"的时间期限标签，一旦时间到了，就立即将这些文件处理掉。

物品摆放的"三定"原则分别是定品、定量和定置。前面我们了解了定量和定置，剩下的"定品"，就是确定要摆放的具体物品。此时，我们应当根据物品的使用频率和"动作经济四原则"正确保管工作中的常用物品，以便随时取放。

自己经常使用的物品是什么？这些常用物品归置在什么地方才便于取放？在进行动线设计时，我们必须充分考虑这些物品与使用频率、"动作经济四原则"之间的关联。

06 使用四色圆珠笔

为了让办公桌动线更合理，应当注意笔的选择。有时候需要马上记笔记，笔却找不到了；有时候找到了笔，笔芯却不出墨了。类似问题，势必会导致工作流程停滞。

我推荐你使用四色圆珠笔。我在丰田现场工作的时候，经常需要在汽车维修完成之后使用不同颜色的笔在维修记录簿上登记。因此，丰田技术员都有一支三色或者四色的圆珠笔，我们可以根据自己的需要使用不同颜色的笔进行内容区分，这样后续需要修改时也能一目了然。

我认为"Frixion ball 4"就不错。它是一款写错了能进行修改的四色圆珠笔。

07 使用 A4 大小的白板

　　接下来，我将就记笔记的合理动线进行说明。**为了让动线更加顺畅，我们应当避免遗漏小事。**在汽车召回等特殊时期，丰田现场的负责人要处理大量的车辆召回工作。此时，不仅会议的数量会增加，需要确认的小事、杂事也会增加。

　　在这样的特殊时期，平时不容易遗漏的小事也特别容易被人忘记。**丰田负责人的做法，是使用 A4 大小的白板进行记录。**

　　方法是将近日内必须做完的事项写在白板上，然后放在办公桌上，以确保必要事项不被遗忘。除了进行工作记录，与别人进行谈话时，为便于对方理解，我们还会在白板上画图进行说明，让双方的交流更顺畅。现在很多企业都在用"iPad mini"取代白板，这种做法在任何职场都适用。

08 ⬒ 使用线圈网格笔记本

纸质笔记本中，我比较推荐使用线圈网格笔记本。因为线圈网格笔记本上有横线也有纵线，非常适合画图表。与一般的横线笔记本相比，线圈网格笔记本不需要任何工具就能迅速画出漂亮的图表，后续修改也比较方便。

有时我们会为了快速记下笔记而在素色笔记本上潦草书写内容，等回过头来查看笔记时才发现根本看不懂自己当时到底写了什么，这样的笔记没有任何意义。因此，我们应该选择便于书写、便于阅读的笔记本。

我推荐线圈网格笔记本还有一个原因，那就是它带线圈。在地铁或者咖啡厅里，因为展开笔记本的空间有限，所以我们需要把笔记本叠起来，或者用手压着笔记本写，这样很不方便。在办公桌上也是如此。

普通笔记本要从中间翻折使用，弯折的部分很难书写。而且，笔记本正中间还会形成一个山形鼓包，用力按压很可能会把笔记本按坏。使用线圈网格笔记本就不存在这个问题，它既不会形成山形鼓包，也不存在翻折问题。

当然，线圈网格笔记本也有缺点。例如，中间的金属线圈很坚硬，可能会把笔勾住。介意这些缺点的人可以用 YOKUKO 的软线圈笔记本。它的线圈由特殊材质制作而成，与金属线圈相比更加柔软，也不容易勾住其他物品。当然，它与普通笔记本相比价格略高，但在提高动线效率方面物有所值。

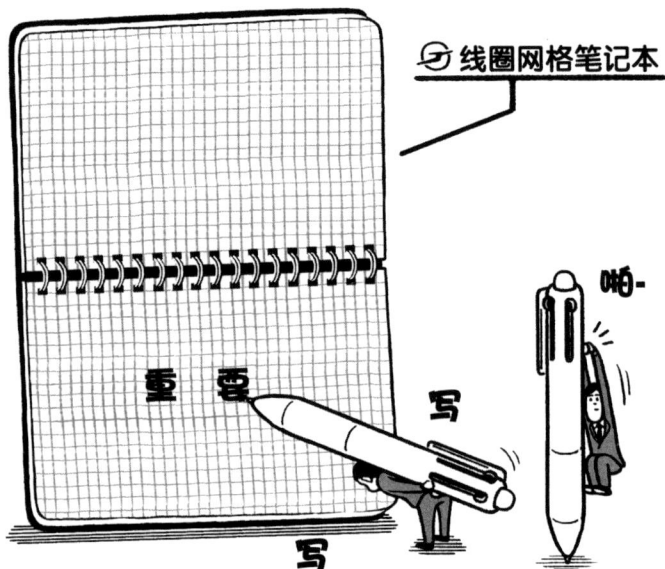

线圈网格笔记本

09 动线合理的笔记书写方法

前文就应当使用什么样的笔记本提出了建议。实际上，为了实现合理动线，更重要的是如何书写笔记。

使用笔记本时，我们应当**横向书写**。在日本，普通笔记本都是纵向使用的，但其实横向书写会让书写内容更加清晰。例如，一张 A4 纸上的资料，相比纵向书写，横向书写读起来更容易。这是因为横向阅读时，眼睛基本不用动就能看清全部内容。从原理上来说，这是因为人类的眼睛也是横向排列的。

工作中使用的 PPT 文件大部分都呈横向排列的 A4 纸大小，所以在利用 PPT 创建资料时，我们可以先在笔记本电脑上横向起草内容，然后直接复制到 PPT 中。

关于书写方式，最关键的就是简单。很多书提到并详细介绍过丰田对资料的整理方法，即将资料内容控制在一页 A4 纸内。实际上，使用这一方法的不仅丰田一家企业，NHK 的栏目策划书、东京大学合格生的笔记，以及 JTB 和麦肯锡等企业都要求将资料内容控制在一页 A4 纸内。可以说，这是一件具有普遍性的、非常重要的事情。

我在 IT 公司任职期间就经常收到厚厚的一沓资料或者企划书。阅读之后我发现，这些资料都是这也想说，那也想说，几乎把所有的内容都堆积在了资料中。这样的书写方式只顾及资料提交者自己的想法，根本没有站在"便于阅读者理解"的角度上进行思考。因此，我们平时应当加强训练，让笔记更加简洁明了。

所谓简洁，就是将笔记要点进行归纳书写。例如，丰田人在开会之前都会在笔记上记录以下三点：

- 目标；
- 接下来要做的事；
- 截止日期。

会议通常有不同的主题，且必然有一个想要达成的目标，我们需要提前将这些信息写下来。

我在前文"会议的动线"中提到，要等会议目标明确之后再开始会议。事实上，依据个人努力就能实现这一动线。确定了会议目标，就相当于确立了自己的立场，也就不容易受周围人的影响。

事先确认"接下来要做的事"也是同样的道理。大家在讨论之后一定要确定接下来要做的工作的截止日期，这样论题才不会跑偏，会议才不会贸然结束，会议讨论中的无用动线才会相应减少。

10 ➡ 利用笔记和便笺开阔思路

　　节假日期间，汽车经销商的展厅里会举办各种各样的活动。在此类活动的策划会议上，我经常会在笔记上贴上各种便笺。如果开会时我产生了新的想法，就会用便笺把这些想法记下来，贴在笔记本上。

　　想到的点子越多，贴的便笺也就越多。当我准备在大家面前发表自己的意见时，我会先将贴的便笺按照不同的类型进行分类，把自己的想法归纳出来。这种记笔记的方法很巧妙，能极大地开阔思路。

　　现在，很多人习惯在会议、会面中使用笔记本电脑将数字化信息迅速转换成文本。但是，利用笔记本电脑会干扰大脑的发散性思维，让人难以想出新点子。

　　有科学研究表明：**面对同样的信息，大脑更容易接受和理解纸上记录的内容，而不是数字化的内容。**

　　笔记本电脑在某种程度上会影响人的思考，因此我们要根据用途合理地使用笔记本电脑。

11 ⏭ 在手账中使用缩略语，减少浪费

　　除了笔记本之外，办公桌上使用频率最高的就是手账。因为手账有各种各样的类型，且每个人使用手账的习惯不同，所以我提建议时不会选择一刀切。但从动线角度来说，**写手账时使用缩略语非常重要。**

　　我在丰田现场进行汽车检修工作时，每天都要填写检修记录，其中的内容大都由缩略语构成，这都是丰田老前辈们的智慧。为了节省时间，他们会先将相同意思的词语进行缩略，然后再记录下来。

　　以"调整"一词为例。调整侧刹的作业完成后，技术员在相应栏目里写"调整"二字要花一定的时间，这时候就可以统一用"A（Adjust 的首字母）"表示。而且，"A"这个缩略语在整个丰田现场都是通用的。我们在日常工作中也可以借鉴这种方法，确定并使用一些缩略语。

　　此外，写手账时用一些缩略语不仅能方便记录，还能提高书写内容的私密性。

日本职场中常用的缩略语有 MTG（meeting，会议）和 NR（not return，外出公办后直接回家）等。这些都是日常常用的缩略语，你也可以思考并创建一些其他缩略语。

以"在地铁新宿站与田中会面"这句话为例。

- @：即 at，指示时间或场所的指示代词。

例如：MTG@ 新宿站与田中

- With：指"与……一起"。

例如：MTG@ 新宿站 w/田中

- St.：即 Station（车站），这样写起来更快。

例如：MTG@ 新宿 St. w/田中

这样一来，"在地铁新宿站与田中会面"就可以写成"MTG@ 新宿 St.w/田中"。这样写手账既方便又能节省时间，我们可以按照这一思路创建平时工作中的缩略语。

- Msg：即 message（信息），我们希望别人做某件事时传递给对方的话语。

- D/c：即 double check（再次确认），用于确认需要做的工作。

- A/W：即 after work（下班后），用于下班后传达私事。

按照这种方法，在手账中记录个人待办事项时，也可以利用各种缩略语进行记录。例如：有约会用一个心形表示；有音乐会或演唱会用一个音符来表示。此外，把词语的第一个字用圆圈或者方形圈出来，也可以将很多词语进行简化。例如：

"S"用圆圈圈出（Ⓢ），表示研习班；

"L"用圆圈圈出（Ⓛ），表示午餐；

"D"用圆圈圈出（Ⓓ），表示正餐；

"出"用圆圈圈出（⊕），表示出差。

出差书写目的地名称的时候，可能会因为笔画太多造成书写麻烦，这时候也可以使用缩略语。

使用缩略语，让手账动线更顺畅！

@	指代时间或场所的指示代词	Ⓢ	研习班
w/	With，指与……一起	Ⓛ	午餐
St.	Station（车站）	Ⓓ	正餐
msg	message（信息）	⊕	出差
d/c	double check（再次确认）		
A/W	after work（下班后）	札幌	SPR
		青森	AOM
		仙台	SND
♡	约会	东京	TKY
♪	音乐会或演唱会	福冈	FKO

例如，在航空业，人们习惯将羽田机场简称为 "NHD"，将札幌简称为 "SPR"，将青森简称为 "AOM"，将仙台简称为 "SND"，将东京简称为 "TKY"，将福冈简称为 "FKO"。

但是，使用缩略语时有一点需要注意，那就是避免因为使用已经存在固定意思的缩略语而引发歧义。例如，将博多这一地名缩略为 "HKT" 就很容易被误认为是偶像团体。

我会定期回老家，地点写的是 "JK"。很多人看了会心存疑惑，因为日语中 "JK" 的意思是女子高中生。

有时候利用 "图说文字" 也是一个好办法。当我们翻看笔记，看到过去的自己给现在的自己传递的信息时会想：这是当时随手记录的现在要做的事，还是只是一时的突发奇想？

因此，我们可以像画漫画那样将文字用线条圈出来，上面记上给自己的提示，如 "我是这么想的""要解决这个问题" 等。

总之，无论是使用缩略语还是使用图说文字，都是为了在查阅这些内容时能第一时间判断出信息的准确意思，以便迅速开展后续的行动。如果特意记了笔记，但使用缩略语后自己反而看不懂，那就得不偿失了。

12 区分月份手账和年份手账

购买手账时，要注意尽量购买既包含不同月份，也包含不同年份的手账。

如果我们只注意每天的日程安排，就只能关注到"今天"和"现在"。因此，我们应当从一周内的今天、一年内的今天，这样更长的时间维度来观察自己的日程安排，并由此感受整体的工作流程。

这也是设计手账动线时需要注意的一点。

第 **5** 章

探究电脑操作中的动线

01 ⇨ 利用工具检查电脑操作的相关
动线

工作中最不可或缺的就是电脑，如何正确设计电脑操作中的动线对我们的工作非常重要。

以往，丰田的技术人员在工作时都会利用工具人为进行零部件的拆解与组装。如今，随着汽车电子化的逐步推进，大部分的工作都需要利用电脑来完成，尤其对从事办公室工作的人而言更是如此。工作中，大家都应该重视电脑操作中的相关动线问题。

到单位启动电脑后，你会打开什么程序、查阅什么、计划在哪些事情上花时间呢？

很多人一打开 SNS 就会磨磨蹭蹭，看朋友们都在干什么。打开邮箱后，也只是慢悠悠地查看与工作无关的电子杂志或者浏览娱乐圈的八卦新闻。

我的意思并不是完全不让你查阅这些信息，而是希望你能够意识到自己是如何度过早晨的黄金时间的：有的人会在一天内多次查看邮件；有的人会一直刷推特（Twitter）信息。这些问题，需要引起足够的重视。

当然，我们也不必在偶尔浪费了一次时间后懊恼不已，因为这只是无伤大雅的小毛病。

但我们应当认识到自己有这样的小毛病，然后反思怎样让自己集中注意力，减少时间的浪费。我认为，**最有效的方法就是给自己定规矩。**

如果查看邮件的时间过于琐碎和频繁，那么就确定一个时间，每天只在这一固定时间内查看邮件。如果浏览 SNS 的时间过多，就自己规定每天浏览 SNS 的时长，同时关闭 SNS 的推送通知。

那么，如果我们想要改善自己的小毛病，具体应该怎么做呢？

在日本，一种叫作"记录减肥"的减肥方法曾经风靡一时。这是一种将吃过的食物记录下来、让自己意识到具体吃过什么食物并以此督促自己减肥的方法。时间的使用，也同样适用这一方法。通过记录时间，我们可以实现时间的"可视化管理"。

在丰田，"可视化管理"这一概念贯穿了整个工作现场。同样，我们也可以参照经验，实现电脑使用时间的可视化管理。

关于时间的可视化管理工具，日本国内外已经有不少应用，我个人比较推荐"Clock it!"，因为它便于个人使用且无须花费任何费用。它的使用方法如下。

首先，用个人邮箱进行注册。然后，在登记任务后开始时间的记录与测算。最后，将各项任务花费的时间制作成表格或者 CSV 文件。

这样就能实现邮件回复、制作文档等电脑使用时间的可视化管理。

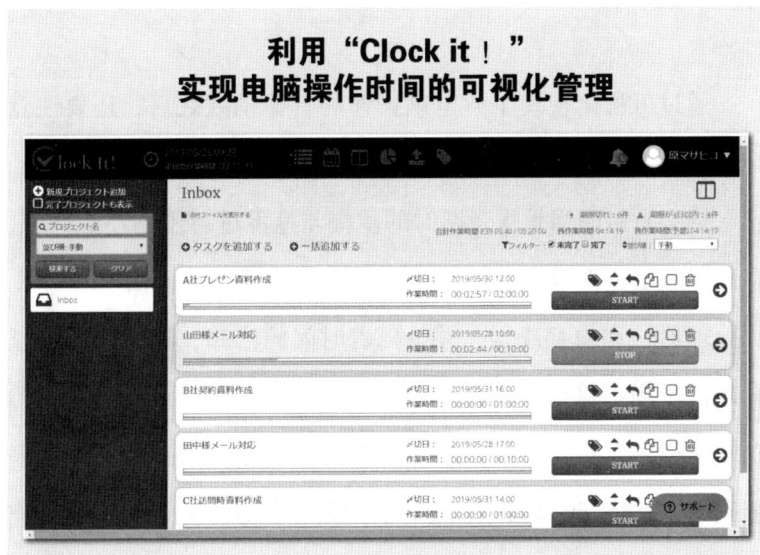

利用 "Clock it！"
实现电脑操作时间的可视化管理

02 ⏩ 通过重启，让电脑快速运行

通过可视化管理了解电脑操作的具体动线之后，还要注意掌握提高电脑自身运行速度的方法。

第2章对应当重视走路时的步幅与速度进行了阐述。同理，我们也应当重视电脑的运行速度。电脑的运行速度由CPU（中央处理器）和内存决定，并且随着时间的推移，运行速度会越来越慢。到了傍晚，电脑的运行速度相比早晨会有明显下降。这时候很多人就会说："啊，电脑运行得有点儿慢。算了，程序能跑起来就行。"事实上，凑合着使用电脑只会延长我们的工作进度。

因此，**当工作暂时告一段落时，应当利用离开座位的时间重启电脑**。这就像工作的分隔符，能便于接下来的工作顺利开展。需要注意的是，如果你的电脑装载的是Windows8.1系统或者Windows10系统，就不适合采用关机、切断电源的方法。由于这两个系统有快速开机的初期设置，所以为了快速启动电脑，关机时CPU和内存的状态默认是自动保存的。也就是说，想要重启电脑，必须完全关机。

完全关机的方法如下。

1. 点击"开始"键；

2. 点击"电源"键；

3. 同时按住"Shift"键重启；

4. 出现开机的选择画面；

5. 点击"切断电脑电源"。

这样就能取消"快速开机"，实现电脑的完全关机。重启时，只要按一下电源按钮即可。

03 ⏬ 缩短开机时间的小习惯

接下来，我们再研究一下电脑开机的相关内容。

近年来，越来越多的企业倾向采用平板电脑开展工作。平板电脑开机速度快，只要按下启动键，员工就能马上开展工作。平板电脑的这一优点，吸引了很多企业。

利用平板电脑可以浏览网页，与键盘连接后可以写邮件，但却不能制作图表或者 PPT 资料，所以很多时候我们还是需要使用电脑。

当然，启动电脑确实相当花时间。我在 IT 企业工作时，因为早上等待电脑启动需要一段时间，有些前辈会在打开电脑电源键后去便利店买早餐。这是工作动线的一种选择，但我认为这样的动线并不合理。

对于这个问题，有的人认为电脑启动本来就是一件很复杂的事，但丰田现场讲究"**探究问题的本质**"。这个问题的本质并不是"等候开机的时间我们应当做些什么"，而是"如何缩短开机时间"，即"为什么开机要花这么长时间""能不能缩短开机时间"。

经过调查我们发现，电脑启动所需时间过长有固定的几个原因，只要能采取相应的对策即可。

接下来，我将以 Windows10 系统为例进行说明。虽然电脑的操作系统各不相同，但是从策略上来说原理都是一样的。

缩短电脑开机时间的方法

[1] 不打开不需要的应用程序

你每天工作要用的软件有哪些？为便于用户打开常用软件，微软系统设置了一个"电脑启动时默认打开常用软件"的应用程序——"startup"。因为这一设置本身比较烦琐，所以在电脑制造的过程中（从工厂制造出来之后，上市之前），电脑里就已经被装入了多款其他软件，以实现这种功能设置。

此外，向电脑里安装新软件前，电脑里都会蹦出"是否登录 startup"的对话框，有人会随意点击确认登录。就这样，通过种种操作，电脑启动的速度越来越慢。所以，我们在开机设置时一定要仔细确认开机时需要打开的软件。

打开任务管理器就能轻松找到"startup"。在任务管理菜单中点击右键或者按住"Ctrl+Shift+Esc"键就能打开任务管理器。在任务管理器页面打开"startup"的列表，就可以确认当前使用的程序是否需要启用了。如果有不熟悉的软件，可以直接点击右键，选择"禁用"。

禁用不需要的程序

将视觉效果重新设置为"性能优先"

[2] **去掉不需要的视觉效果**

起初 Windows 的画面比较简洁，后来随着版本更新，视觉效果做得越来越好，文件夹也开始使用 3D 的展示效果，体现出了纵深感。

但是，视觉效果并不需要达到很高的要求，一味追求视觉效果会对电脑性能造成压迫。因此，我们应全力去除多余设置，提高开机速度。

（1）在 Windows 上点击右键，选择"系统"；

（2）此处打开的是系统版本信息，点击"系统信息"；

（3）此处显示系统信息，点击"系统的详细设置"；

（4）此处显示系统的属性，选择"详细设置"，在性能一栏点击"设置"；

（5）此处显示"视觉效果选择"，点击"视觉效果"键选择具体的视觉效果，点击"OK"键。

"选择你想在此计算机上的最佳设置"：按照使用的电脑环境，自动选择最适合的视觉效果。

"调整为最佳外观"：选择所有的视觉效果。

"调整为最佳性能"：不选择任何视觉效果。

"自定义"：自定义选择任意视觉效果。

电脑的默认状态是"调整为最佳外观"，我们可以根据个人需求选择"调整为最佳性能",或者通过"自定义"来选择任意的视觉效果。

[3] 关闭不必要的声音

电脑在开机或者关机时都会发出提示音,这也是导致电脑开机缓慢的一个因素。而且,如果电脑的音量开得过大,我们在咖啡馆开启笔记本电脑时还会给他人带去不必要的噪声困扰。因此,这些音效是毫无益处的。

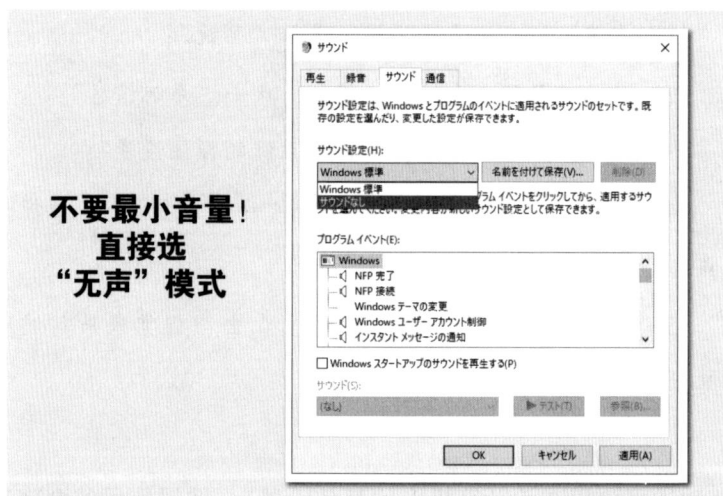

不要最小音量!
直接选
"无声"模式

除了一些极个别的情况(听不到电脑开机的声音就无法开始工作等)外,我建议选择无声模式。

有人会问:"那我是不是可以直接将声音最小化?"我不建议这么做。

124

打个比方。启动声音就像雇用了一个乐队，即使不演奏他们也处于随时待命的状态，且需要支付给他们一定的费用。所以，一开始就选择无声模式是最合理的。

Windows 10 系统桌面右下角的通知区域有一个扩音器图标，在上面点击右键就会出现"声音"页面。进入页面后，我们可以点击"声音"进行设置，**选择"无声"**。

此外，不要忘记检查"startup"中电脑重启时的声音设置情况。

04 提高键盘反应速度的方法

提高电脑的开机速度还有一个关键问题，那就是键盘的反应速度。

我们在工作中使用电脑时，大部分都是依靠键盘进行文字输入的，所以**我们要尽量缩短键盘输入信息后在电脑屏幕上显示出来的时间**。事实上，电脑出厂设置的反应速度相对较慢，建议设置成快速模式。

**提高键盘的
反应速度**

（1）开始→点击"Windows 系统工具"，点击"控制面板"；

（2）显示所有控制面板项，然后选择"查看方式"中的"大图标"或者"小图标"，点击"键盘"；

（3）打开"键盘"选项后，将"重复速度""重复延迟"都设定为右侧的最大值。

有的人每天要写大量的电子邮件，也就是需要利用电脑输入大量的文字。此时进行键盘优化设置不仅能节省更多的工作时间，还会让电脑输入更顺畅，让工作动线更合理。这是一石二鸟的好方法，建议你也尝试按照这样的方法设置自己的电脑。

05 ➡ 多使用"快捷键"

快捷键是电脑便捷操作中非常重要的一项。使用电脑不用快捷键，就好比一个人开车时放着宽阔的高速公路不走，非要走羊肠小道。从动线角度来说，就是浪费。

例如，平时我们都会用快捷键进行内容的剪切（Ctrl+X）或复制（Ctrl+C）。我建议你至少能学会使用"Ctrl+C"这种程度的快捷键。

接下来，我将就快捷键的使用进行具体说明。

点击右键出现的菜单

有这样一种情况：因为使用的平板电脑没有鼠标，所以很多人认为平板电脑上不能点击右键。实际上并非如此。

虽然电脑生产厂商各不相同，但是一般情况下，键盘上都有"应用程序键"。在空格键的右侧，有一个像衣柜一样的标记，它就是应用程序键。

点击这个按钮，就会出现点击右键后的菜单栏。如果键盘上没有这个键，可以直接按住"**Shift+F10**"。记住这个小技巧，即使没有鼠标，也可以轻松实现右键点击。

这是"应用程序键"

文字的查找与替换

前文曾反复强调"查找"这个行为既是时间的浪费，也是动线的大敌。当然，"查找"不仅存在于现实世界中，使用电脑时也同样存在。

查找文件中的特定文字或者文件中提到的某一特定短语时，我们都会使用"查找"功能，它的快捷键是"**Ctrl+F**"。

想要替换文档中的某个词语或者某个字时也是同样的道理。例如，如果我们想把文档中的"山田"改为"田中"，实际文档中也出现了好几处"山田"，就要进行多处替换。此时，如果有人一边阅读文档，一边进行逐个替换，那么他的工作方法一定很成问题。

使用"**Ctrl+H**"在空格栏内输入文档中的文字，就能马上替换成修改后的文字。

永久删除文件

不需要的文件应当怎样处理呢？当然，放进废纸篓没有什么问题，但是这种做法并不能永久删除文件。随着删除的文件越来越多，废纸篓里的内容也越来越多，这会影响电脑的运行速度。

这就好比我们自己住在垃圾房内，虽然垃圾已经被打包了，但它仍被放在家里。这样一来，即使我们想在垃圾房里快速行动也很难做到。所以为了行动方便，我们还是应该把垃圾扔出门外。

电脑上永久删除的快捷键是"**Shift+Delete**"。在处理无用文件时，我们应当养成使用快捷键的好习惯。

不关电源，打开锁屏

我们身处一个讲求信息安全的社会，所以当我们离开自己的座位时，应当启用电脑的锁屏功能。

在咖啡馆等地点，打开重要文件后离开座位是高风险行为，也会给别人留下不好的印象，认为你是一个工作散漫的人。

当然，执行"锁屏"操作通常需要几个步骤才能完成，会花费几秒钟的时间。此时，我们可以通过按住"**Windows＋L**"一键解决。虽然和前一种方法相比仅能节省数秒钟的时间，但如果我们每天都这么操作，一年就能节省很多时间。

快速回到桌面

第 4 章提到：保持办公桌整洁对于工作动线尤为重要。这个道理同样适用于电脑桌面。也就是说，电脑桌面也应当保持整洁。它的理想状态是：保存的文件归类到同种类的文件夹中，桌面上只保留运行中的文件。

日常工作中，我们通常会根据工作需要打开不同的文档或者文件夹。此时，如果能从这一操作顺利切换到其他操作，对我们而言是非常便利的。幸运的是，这一愿望通过"**Windows＋D**"就能实现。这一快捷操作能帮助我们马上回到桌面，处理接下来的工作。

06 ⤵ 查阅邮件后的动线

查阅和写邮件是我们日常工作中的常见动作。很多人认为，自己每天会在执行这个操作时花费大量的时间。如果能缩短处理邮件的时间，就能缩短我们的工作动线，提高工作效率。

那么，我们应当在什么时候查阅邮件呢？答案是：**利用移动和会议中途等间隙时间。**

第 2 章中提到过：很多人会在早晨查阅邮件，然后磨磨蹭蹭回复，造成了时间上的浪费。事实上，在时间有限的移动时间里查阅邮件并进行回复效率更高。

除了在移动时间，我们还可以在会议中途查阅邮件。这里指的会议中途，并不是建议大家在探讨会议主要议题时开小差，而是指在进行与自己无关的会议议题时可以一边倾听会议内容，一边查阅邮件。

如果既没有移动时间，也没有会议中途时间，可以设定一个上午查阅邮件的固定时间。例如，上午 11 点到 11 点半。

接下来，是查阅邮件后回复邮件的动线。

首先，要根据对方邮件的主题和第一行内容判断是否需要

继续阅读邮件。毫无疑问，我们没有必要查阅每封邮件的全部内容。

其次，要保留情况错综复杂、需要考虑时间予以应对的邮件。

换句话说，可以在一开始就对邮件进行分类判断并区分不同的处理对策。例如：邮件能够马上回复的就马上回复；需要时间考虑的就暂时保留；无用邮件则直接忽略。

对于能够马上回复的邮件，建议最晚在 24 小时以内回复。对于需要时间考虑的邮件，建议分步骤进行回复。

正如汽车的检修与组装无法一下子完成一样，回复这类邮件时，要预留出思考时间和撰写时间。

很多人会选择一边思考一边回复邮件，这种磨磨蹭蹭的做法只会浪费大量不必要的时间。思考的时间就用来思考，可以在电车上、移动时间里、回家路上一边走，一边思考回复邮件的内容。这样总结、归纳完思考内容并用电脑撰写回复邮件时，就能一气呵成了。

此外，**撰写邮件时务必注重简洁，让收件人能在 3 秒钟内判断出邮件的内容。**

公司内部邮件的往来不需要加"您辛苦了"这样的客套话。**大家都在同一家单位，应当言简意赅、直奔主题。**

以前我有一位客户，他所在的企业要求他们在撰写内部邮件时必须在人名前面加上职称，如"营业部田中部长"。观察这家企业员工的工作动线后不难发现，员工们每次撰写邮件时都会执行这样的操作。

我非常惊讶，于是询问员工："为什么大家都在同一家单位上班，内部邮件还要加上职称呢？"得到的答复是："虽然大家都在同一家单位，但是搞错对方职称是一件非常失礼的行为。"

在一家大企业中，四个月后很多人的职务、部门都有可能发生变化。每次撰写邮件都要查看单位内网，确认收件人的职务和部门，无疑会造成动线上的浪费。对于企业而言，这些时间用来提高劳动生产率更有价值。

07 方便查找的文件保存方法

想必大家都有这样的感受：在电脑里查找文档很费时间。

这个问题的根源是文件名的命名方法不正确。没有命名规则，仅凭当时的感觉给文件命名，才会在最后查找文件时如此耗费精力。最终，也造成了时间上的浪费。

为了解决这个问题，**最重要的是确定文件的命名规则。**当然，每个人的习惯不同，不能一概而论。接下来，我将举例说明，供你参考。

"数字_种类_名称_日期_版本"

首先是输入数字。因为文件是按照数字的先后顺序排列的，有意识地使用数字将文档进行排列，会让文档管理变得更轻松。其次，是记录文档的种类和名称。再次，是记录日期。一开始保存文档时就应当标记日期。最后，如果要进行修订，可以通过增加数字的形式确定版本数。

本书书稿的存档如下。

1_原稿_第一章_20181001_1

2_修订_第一章_20181003_1

2_修订_第一章_20181004_1

2_修订_第一章_20181004_2

3_原稿_第二章_20181005_1

这样一来，即使有多个文档也能轻松区分。

很多企业的文件管理采用的是"俄罗斯套娃"的模式：按照文件夹的不同进行分类，然后在文件夹内部再添加文件夹。虽然这么做在某种程度上有利于文件管理，但是随着文件夹数量的增加，查找文档需要的时间也会随之增加。因此，我认为文件夹数量较少的、利用文档命名规则存储文档的方法更合理。

08 利用谷歌搜索时的最短动线

提起搜索，一般常会想到谷歌（Google）。当我们想查询信息时，会很自然地使用谷歌进行搜索。但在搜索的过程中，有的人查出信息的速度很快，有的人却很慢。换句话说，**检索能力是因人而异的。**

第 1 章曾提到："动作经济四原则"中的原则 3 是"尽量缩短各个动作间的距离"。这一原则同样适用于信息检索。但是，为什么检索时间会因人而异呢？为什么人的检索能力不同呢？问题的关键在于检索方法。

向谷歌检索框内输入文字是有技巧的。因为掌握这一技巧的人并没有传授给他人，所以在检索速度上出现了个体差异。

接下来，我将介绍几种高效的检索方法。

- "是"检索：在查某一个单词的含义时，在这个单词后面加上"是"进行检索。
- "和"检索：如果包含两个检索关键词 A 和 B，那么同时输入"A B"进行检索。

- "或"检索：当检索的内容不知道是 A 还是 B 时，输入 "A OR B"进行检索。

- "减法"检索：排除包含关键词 B 的信息，仅检索包含关键词 A 的信息时，输入"A –B"进行检索。

- "完全一致"检索：检索与关键词 A 内容完全一致的信息时，输入"A"进行检索。

- "万用字符"检索：如果只知道查询信息的一部分，输入时加上星号"A＊"进行检索。

像这样，按照检索信息的种类进行分类检索，就能在查询信息时实现最短动线。

此外，谷歌不仅可以用来检索信息，还可以为缩短人的工作动线提供帮助。

例如，当我们想用电子计算器计算 148×259 的积，但没能找到计算器时，我们应该怎么办？显然，焦急地走来走去是毫无用处的。

在谷歌的检索框内输入计算公式 148×259，就会出现电子计算器的页面，同时出现计算结果。而且，计算乘法时可以用"＊"代替"×"，计算除法时可以用"/"代替"÷"得出计算结果。

外币兑换也同样如此。当我们想要计算 549 美元能兑换多少日元时，现查汇率再计算相当花费时间，只要直接在谷歌的检索框内输入"549 美元",就能立即得出按照当前汇率换算出的日元数目。

像这样的单位换算都可以用谷歌进行查询。例如,计算 65 加仑相当于多少公升,54 坪相当于多少平方米,80 英里相当于多少千米等。

请记住"用谷歌进行单位换算"的动线!

谷歌能当计算器!

09 ⟱ 企划案资料的动线设计

第 2 章的最后提到"让参会者的视线动起来"。实际上，在很多人面前发表企划案时，资料中的动线设计更重要。

制作资料时，我们应当认真思考"资料的关注点具体是什么"。

去掉幻灯片页码

企划案资料中准备的幻灯片内容未必需要全部展示出来。按照会议的流程和参会者的需要，很多时候可以跳过一些非必要的内容。

此时，在幻灯片上添加页码反而麻烦。因为一旦添加了页码，跳过的内容就很容易吸引大家的注意。参会者会想"啊，我是不是落下了一页内容""我想知道中间跳过的内容讲了什么"。

因此，我建议事先去掉企划案幻灯片上的页码。事实上，企划案本身并不是事务性工作，它更像是讲故事。硬要在幻灯片上加页码很容易让人觉得这是事务性工作，从而破坏讲故事的氛围。

资料中的色彩应用

请他人查看资料时，资料中的色彩应用能够引导阅读者视线的变化。为了醒目，很多人会选择使用明亮的色彩，但这么做只会起到反作用。

我见过一份内容使用了 10 种不同颜色的企划案。该企划案的提出者站在台上说"请大家看一下绿色标记的内容"，但参会者却很难找到这段内容的具体位置。

我建议整个企划案的幻灯片文字内容不要超过 3 种颜色。基本的文字可以使用黑色，强调的部分可以使用红色。一般认为红色的字需要特别注意，所以红色最好在必要时使用，切勿频繁使用。

此外，在画图或者圈出重点文字时，可以使用另一种颜色。当红字不足以表达强调时，可以选择红底白字的方式。

不使用与视线方向相反的箭头

考虑视线动线时，需要注意阅读者视线的移动。

如果幻灯片资料中出现图表，根据阅读习惯，我们一般会按照**从左到右、从上到下**的顺序查看。因此，箭头的方向和图表的表头设置都要与人的阅读习惯相匹配。

如果无视这一习惯，完全按照个人喜好将图表的内容或者箭头的方向从右到左（从下到上）排，就会让阅读者感到阅读困难、无法理解图表中的内容。

尽管很多手机游戏没有配备说明书，但是大多数人仍然能顺利玩起来，这得益于手机游戏的"UI 设计"非常到位。为了实现用户的便捷操作，游戏设计者一定会事先进行精密的计算。

因此，我们平时在制作资料时也应当优先考虑"UI 设计"，制作出与阅读者的视线动线一致的资料。

将要点归纳在幻灯片内容的上半部分

要想让阅读者充分理解资料的内容，关键是要将结论与要点先传达出来，然后再针对这些要点展开论述。

经营者和管理者通常需要对企划案进行预判，所以在制作企划资料时，我们应当**省略长篇大论的前情提要，直接在开头表达要点。**

而且，当参会人数众多时，很多人可能看不到幻灯片的下半部分内容。如果因为这个使参会者错过内容要点就有些得不偿失了。因此，**我们要尽量将要点归纳在幻灯片内容的上半部分。**

动画效果能实现"淡入、淡出"即可

当 PPT 展示的内容翻到下一页时，很多人会选择使用动画效果。例如，文字翻转着出现，图表从上往下掉落等。设置这些动画效果会花费大量的时间，但从动线优化的角度来说，这些都是无用功。

实际上，动画效果并不是必需的。如果一定要用，可以选择"淡入、淡出"的形式。因为比起突然切换页面，"淡入、淡出"更沉稳。

此外，"淡入、淡出"还能让幻灯片上的文字缓慢出现，实现舒适的视觉效果。当我们需要利用图形进行内容介绍时，"淡入、淡出"也能将图表中的内容逐条清晰地展现出来。

其他动画效果容易引起视线混乱，应尽量避免使用。

第 **6** 章

探究思考动线

01 ⇨ 查找需要改善的地方并持续改善

在本书的最后一章，我们将不再关注看得见的动线，而将着眼于看不见的头脑中的动线。

大家都知道"思考回路"这个词。由此可见，思考也是有动线的。那么，我们应当如何安排好这一动线呢？接下来，我将就此展开具体论述。

首先，我们来看一下自己每天的工作进度。我们会着手处理各种各样的工作，而且每项工作的进度都不相同。在这些工作中，有哪些可以实现程序化和自动化呢？我们将以此为切入点进行探讨。

提起"自动化"一词，我想起了丰田现场的"NINBEN"。**所谓"NINBEN"，是指行动与工作的区别。**当我还在丰田工厂工作的时候，常常会因为工作漫不经心而受到前辈的批评："你**这只是在行动，不是在工作！**"

工作不是头脑放空，仅让自己的手脚机械地动起来，而是**要能面对眼前的工作充分发挥自己的主观能动性，提高工作效**

147

率，从而自觉行动起来。

因此，丰田现场才将"自动化"写成了"自働化"。

丰田的前辈们经常提醒我说："面对眼前的工作，要开动脑筋，提出你自己的想法。"实际上，有时候我们就是要做一些重复性的工作。但即便如此，我仍然认为**要在日常工作中时常思考"是否还有更好的办法"**。

例如，为客户提供超出预期的服务。

例如，拿出超出上司预期的工作成果。

为了实现目标，我们必须积极思考，持续找出比现在更高效的方法并尝试改变。

工作中时常会有一些常规工作，如整理文档、按照一定规则进行数据的收集分析等。这些都不是富有创造性的工作，建议实现自动化。

由于常规工作很难交由专门的兼职人员负责，所以我们不得不在这些工作上花费时间。事实上，常规工作无论是谁来负责结果都一样，即使我们花了心思，结果也不会有什么差别。所以，我们应当通过实现常规工作的自动化节省更多时间，专注于能创造出更多价值的工作。

02 ⇙ 养成分析并回顾工作的习惯

我们应当详细分析自己负责的具体工作。其中最重要的，是在每天工作结束之后回顾自己一天的工作，并且认真思考需要改善的地方，如"今天有没有哪些工作是可以效率更高的"。

工作中，你有没有什么做法是比现在更高效的？建议你每天下班之前都思考一下这个问题。

即便找到了更高效的做法，改善也不能就此终结。为了养成这一习惯，我们必须搭建一种能自动实现持续改善的机制。

这里说的机制，是指能帮助我们思考的窍门——**流程设计。**虽然每个动作都是杂乱无章的，但我们仍然可以从大致的流程上进行整体设计，举一反三。这样，我们才能自然而然地行动起来。

实现现有动作流程的固定化，大致要经历认真思索、尝试、流程重组和执行四个步骤。至此，改善就完成了。

改善的具体过程如下：

（1）仔细调查现有作业，逐条列出；

（2）将列出的现有作业按照不同进度进行具体分解，逐条列出；

（3）将前两项内容中能利用电脑实现自动化的工作挑选出来，做好标记（此处无须考虑依靠自己的能力能否办到，只要有人能做到就默认这项工作能够完成）；

（4）实现自动化后，在其他工作进度中寻找能够改善的地方进行改善；

（5）将改善成果融入原有工作的进程中；

（6）实现业务进程常规化和改善行为习惯化。

实际开始尝试时，我们一定会发现许多能够实现自动化的工作。而随着自动化的持续深入，我们也将节省出越来越多的时间。因此，我们必须发挥自己的智慧不断改善，而不是像机器人一样采取机械行动，不加思考。

03 如何决断

思考动线中尤为重要的一点是"决断"。不下决断，犹犹豫豫，左思右想，只会浪费时间。身处瞬息万变的当今社会，我们必须迅速决断。那么，迅速决断的动线是什么？接下来，我将就此进行具体阐述。

目的是什么？

丰田现场有一句话经常出现，那就是：**目的是什么？**当我在工作现场碰壁或者无法做出判断时，前辈们就会提醒我："你这么做的目的是什么？你为什么要进行这项作业？"

工作逐渐忙起来的时候，人很容易被眼前的具体工作蒙蔽，忘记这项工作的最初目的。而老员工经常会在向年轻员工交接工作时解释**"为什么必须开展这项工作？"**。

在丰田现场，负责人经常会一边解释"为什么一开始就需要准备这个资料""准备的资料要如何使用、会带来什么样的效果"，一边委任下属开展工作。

这样做不仅提高了下属工作的积极性，还消除了他们开展工作的疑问，给丰田带来了高质量的工作成果。

所以，我们必须时刻谨记眼前工作的目的是什么。

这里为什么要准备文件？这次会议的主要目的是什么？只有不断思考，才能避免迷失自己的目标。

我在丰田工作时，上司经常会对安排给我的工作内容进行详细说明。但我在 IT 公司工作时，上司安排我制作资料却从来不会进行事先说明，只会吩咐我："把这个处理一下。"由此可见，并不是所有上司都能做到像丰田的前辈们一样。

因此，我们要不断询问工作的目的，然后再逐步开展工作。只有这样才能做到快速决断，让工作动线更加顺畅。

反思自己的工作理念

"目的是什么？"这句话也适用于确认工作价值。对于个人而言，关键是要抱有自己的志向和价值观，即工作理念。因为，准确的决断与工作理念的调整息息相关。

为了明确自己的工作理念，我们首先要思索：**我是为了什么而工作？我想从工作中得到什么？我想过什么样的人生？**

不对这些问题进行思考和整理只会导致工作敷衍、言行不一。事实上，很多人能够做到迅速决断、取得工作上的好成绩都得益于其工作理念的整理与调整。

当然，工作理念的整理不是一蹴而就的，需要不断进行尝试和修正。

调整健康状况

让思考动线加速还有一个必要条件，那就是良好的身体健康状况。

只有在身体健康状况良好的前提下，人才能集中注意力，在同样的工作时间内采取更高质量的行动，提高企业的劳动生产率。

相信大家都有过这样的经历：感冒后，注意力容易分散，工作效率也容易下降。不仅如此，蛀牙恶化导致的牙痛、宿醉导致的头痛、挑食引起口腔溃疡导致的疼痛等，任何一种身体发生的疾病都会导致劳动时间的丧失。因此，保持身体健康也是工作之一。

具体该如何调整自己的身体状况、保持健康状态，本书不做论述。你可以根据自身情况阅读相关书籍、了解相关知识。

其中，我认为最重要的是**保证充足的睡眠**。多年来，我每天都会保证 7 小时的睡眠时间，从来没有因为睡不醒而精神不集中。经常有人问我："为什么你有那么多的睡眠时间？"因为我坚持认为，工作原因造成睡眠时间减少只会让人陷入恶性循环，只有让身体得到充分休息，人才能在工作中集中注意力，提高工作效率，取得劳动成果。

或许，**正是你没有时间睡觉，才导致了工作越来越忙。**

其次需要注意的是**饮食：比起吃什么，少吃什么更重要。**

现代社会物资丰富，既能满足人类的温饱需求，又能为人类提供多种多样的选择。所以，我们更应注意饮食中不该吃什么，并以此调节自己的身体状况。就像不吃垃圾食品、多吃高品质食物、减少午餐饭量一样，我们要注意饮食中食物的品质与数量。

综上所述，只有确保充足的睡眠和健康的饮食，我们才能将自己的身体调整到最佳状态，提高工作效率。

04 ⤵ 思考的最佳动线

商业社会不存在唯一的正确答案，但每个人都希望自己能在现有条件下做到最好。

为了达成这个目标，**首先要勇于尝试。**这个方法行不通就用其他方法试试，只有不断尝试，才能做到最好。

由于应试教育过于重视试题的正确答案，即使我们踏上社会、进入企业工作，在行动之前也会习惯性地思索并寻找正确答案。但是，寻找正确答案需要实际行动。在瞬息万变的商业世界，原地踏步会错失良机。

企业中，有能力且业绩突出的人都会在不知道正确答案的情况下行动起来，一边尝试，一边工作。

例如，我在 IT 企业工作时经常关注 SNS 等新型服务工具的动态。2008 年左右，我发现日本也可以使用推特（Twitter）了。

随后，越来越多的人开始使用推特，我也迅速开始接触并使用。仿佛打开了新世界的大门，我认定这样的服务工具应当也适用于商业社会。于是，我向当时的社长提议，在推特上以公司的名义申请账号。

因为这是我在充分了解了推特优缺点的前提下提出的建议，所以社长很快就同意了。由此，我们建立了正式的企业账号。

如今，很多企业都在通过 SNS 联络并开展相关业务。

丰田现场的"巧迟不如拙速"

丰田现场流传着一句话：**巧迟不如拙速**。它的意思是：讲究技巧的缓慢行动不如粗糙笨拙的快速行动。

这一观念深深影响了我。我认为掌握 60%～70% 的信息足矣，只要理解了工作的一部分内容就应当迅速行动起来。

制作资料也是同样的道理。当上司安排制作资料的工作时，有人会为了制作出完美的资料而花费大量的时间，这并不合理。我们不应当在乎错字、缺字，甚至不应当在乎制作是否精美，而应当尽快将资料整理出来。

而且，以时间效率为第一要务完成资料后提交给上司，还能迅速得到反馈。工作中反复进行以上操作，可以帮助我们在工作中迅速调整到最佳状态。

同时，这一做法适用于工作中的任何业务。

只要将准备工作做到七成，就应该着手推进工作，因为没有人能从一开始就把握全局，必须**一边开展工作，一边进行工作轨道的修正**。总之，我们要快速行动起来。

当企业尝试提供新服务时，不要在背景调查、准备工作上花费太多时间，应当首先从小规模、低预算入手，因为开始提供服务之后必然会收到多方面的反馈，企业可以参考这些反馈信息进行相应问题的修正。如此一来，企业的服务质量自然会不断提高。

当今社会，服务与商品过剩，只提出一个想法是毫无价值的。由于大部分的服务和想法都变成了现实，所以企业很难再提出什么令人眼前一亮的新想法了。

换句话说，正因为想法本身的价值降低了，"尝试着行动起来"才变得尤为重要。

想法会源源不断地出现，是否将这些想法付诸实践就成了关键。虽然很多人都认同"巧迟不如拙速"的观点，但真正能做到的却寥寥无几。这个问题，也从侧面凸显了尝试的重要性。

想要做到最好，就不能因为害怕失败而瞻前顾后。首先要尝试，要行动起来，然后再以此描绘出新的工作动线。

05 正确的信息收集动线

正如前文中提到的"想法会源源不断地出现",现代社会中,各种信息层出不穷。因此,我们要创建有效的信息收集动线。

"抓到什么算什么"的信息收集方式并不可取,关键是要确定"用什么样的手段和方法、收集什么样的信息"。

接下来,我将就如何有效收集信息逐次进行阐述。

明确信息收集的目的

收集信息时要明确信息收集的目的,否则就会被淹没在如海洋般庞大的信息洪流中,造成时间上的浪费。

因此,我们首先要明确**"为了什么目的、收集什么样的信息"**。

把握整体

确定信息收集的目的后,接下来就是要把握全局。第一次进行信息收集的人一般很难有全局观。以图书为例，全局观就好比是看图书目录。

查看专业书籍时，我们一般会先从目录中找到自己感兴趣的内容，然后再翻到相应页码处进行阅读。收集信息也是如此，首先要纵观全局找出自己不足的部分，然后再由此确认自己需要掌握的内容。

确定信息收集的目的之后，我们就能从大体上明确"**应该以怎样的先后顺序、具体收集什么样的信息**"了。

确认信息的来源与出处

现在，人们可以从互联网上获取各种各样的信息，甚至出现了"网络素养"一词。由于信息的多样化，很多人容易被谣言或者没有根据的虚假信息所迷惑。

我们在收集信息时，应当尽力避免被可信度低的信息牵绊，浪费宝贵的时间。毕竟在当今的商业社会，信息收集错误会对之后开展的工作造成致命打击。

具体来说，我们应当养成确认信息来源和出处的习惯，切实掌握在互联网上收集到的信息的具体出处。

此外，还要**明确某个信息最早是由谁提出的，尽量接触到一手信息**。尤其是 SNS 上的信息鱼龙混杂、难辨真伪，需要多加注意。

思考自己的信息处理方式

收集到正确信息后不仅要观察这些信息，还要思考自己的信息处理方式。

处理方式可以是"从不同的角度进行分析"，也可以是"将这些信息应用到自己的行动中"，关键是要明确**"接收信息之后，自己接下来应当怎么做"**。只有这样，这些信息才能为我们所用，成为我们自己的知识储备。

此外，拥有属于自己的信息处理方式之后，我们就不再容易被先入为主的观念束缚。我们通常会对不同的信息进行比较和定位。此时，我们要摆脱各种信息的迷惑，秉持**"我自己怎么想"**的中立立场展开思考。

将收集到的信息储存起来

首先，收集到信息之后，应尽量将这些信息存储起来。存储的要点是对这些信息进行整理和分类，以便日后随时查阅和取用。

其次，存储信息后，要适当加上自己的注释。这样我们在重新查阅这些信息时，才能马上分辨出来。

最后，要重视信息的更新。现代社会，信息不断变更，昨天存储的信息有可能今天就过时了。在商务活动中，使用与当下有出入的信息不仅会损害个人信用，还会导致我们无法有效利用已掌握的知识。因此，我们要定期进行信息收集，密切关注信息的更新情况。

例如：我们可以关注特定的、值得信赖的媒体或者推特账户；或者，我们可以在推特中利用关键词定点观测的方法，第一时间接触到最新信息。

06 手机中常用的 APP 图标位置的安排

提起信息收集有一个不可或缺的工具，那就是手机。我们应当重视利用手机进行信息收集时动线的合理性。

首先，要注意 APP 图标位置的安排。我在办公桌动线一章中曾提到不能让自己的办公桌脏乱、不整齐。同理，手机主界面上的 APP 图标也应当排列整齐。相信很多人都有在手机主页面上花很长时间寻找 APP 图标的经历。

主页面上的 APP 图标排列应当遵循 **"将常用的 APP 图标放在单手能操作的范围之内"** 的原则。也就是说，要把 APP 图标放在大拇指方便触碰的范围之内，因为如果大拇指碰不到，就必须改用双手进行操作。

依据上述原则，我们必须定期整理手机主界面的图标：APP 数量增多时，应当建立文件夹进行归类；建立文件夹时，应当把 SNS、游戏、相机软件等按照不同的种类进行归集。

这样一来，手机主页面看起来会更加简单明了。而且从结果上看，图标数量减少后，主页面看起来不会像之前一样乱糟糟的。

此外，按照不同的类别，我们还可以给文件夹名称上添加图形文字，这样更方便查找。同时，可以删除不常用的 APP，或者将其放置在不常用的文件夹中保存在主页面的角落位置。经过这样一番整理，无论我们要在何时开展信息收集工作，都能以最佳动线搜集到需要的信息。

那么，收集信息常用的 APP 有哪些呢？我一般不会通过报纸、电视来获取信息，而会定期浏览以下 APP 进行信息收集。

- Yahoo!
- Gunosy-
- SmartNews
- Newspicks

路上的移动时间我会大致浏览一下新闻，碰到感兴趣的内容再深入阅读。需要检索特定信息时，除上述 APP 之外，我还会在推特、Instagram 等 SNS 上进行搜索。例如，可以在推特的"趋势"一栏查询当前的热门话题。

此外，查询地震等自然灾害、地铁延迟时间等信息时，也可以在推特上进行检索，这样更快。

需要注意的是，推特上的信息不一定准确，建议把这些信息与其他信息放在一起综合来看，以确保信息的可靠性。

07 ⬇ 整理思考动线

　　无论怎样积极调整办公室和工厂动线、有效收集所需信息，一旦头脑混乱，我们就无法行动。由此可见，思考动线是否合理也非常重要。

　　提起"动线"一词，很多人认为必须行动起来才能称之为动线，但事实并非如此。停下来认真思索，也是动线之一。

　　我在丰田的新人培训班参加培训时学习过中国著名的兵书《孙子兵法》中的"四路五动"一词。所谓"四路五动"，意思是用兵作战有四路、五动。其中，四路是指前进的进路，后退的退路，左方的左路和右方的右路；五动是指向前行动，向后行动，向左行动，向右行动，以及按兵不动。

　　最后的**"按兵不动"**，意思是根据不同的时间和场合，有时候"不动"是最好的选择。

　　我刚进丰田工作时只能意识到"行动"，所以常常会因为头脑混乱一步也迈不出去而感到焦躁。这时候，我会想起培训时老师提到的"按兵不动"，心情也就慢慢冷静下来了。至今，我仍对这件事情记忆犹新。

当我们停下来思考时，会开始整理自己的想法。这时候，我们可以参照很多适用的标准化操作流程。接下来，我们就看看丰田的两个标准化操作流程。

利用"5W1H"进行整体思考

所谓"5W1H"，是指从 When（什么时间）、Where（什么地点）、Who（什么人）、What（什么事）、Why（什么原因）、How（什么方法）六个方面提出问题、进行思考。

实际上，这也是我在丰田现场工作时每天都要进行的思考，因为每天都会有客户因为各种各样的汽车问题来到丰田的检修现场。

丰田的技术员都参加过"待客培训"。在店里，技术员会一边倾听客户提出的汽车出现的具体问题，一边在头脑中按照"5W1H"的思路进行思考，向客户提出相关问题。

例如：当客户提出"引擎发出了奇怪的声音"时，我们会询问"从什么时候开始发出声音""具体从哪个位置发出的声音""是谁听到的声音""这个奇怪的声音具体是一种什么样的声音"等。这是最基本的流程，也是万能的思考工具，不仅适用于检修汽车，还适用于写文章、提出商业课题、制定战略等多种工作场合。

我们可以在工作中充分利用这一思考回路。

利用"PREP"进行总结

"PREP"也是一种基本的思考流程。例如，当我们在制作企划书、策划案时，很多人经常是想一点写一点，这样的内容混乱，观点也不突出。

而且，这样的内容修改起来也过于麻烦，会造成时间上的浪费。此时，我们可以按照"PREP"的具体顺序将企划书的内容进行事先归纳，然后再按照相应的流程一直写下去。

Point：首先将要点表达出来，先提出结论。

Reason：阐述"Point"中提出结论的具体理由。

Example：证实"Reason"中陈述的理由，并举例说明。

Point：作为文章的收尾部分，再次重申结论。

按照上述流程展开并书写逐条项目内容，最后添加必要的补充信息，就能制作出动线明确的企划书和策划案。

类似这样的工作流程多种多样，受限于篇幅，在此仅介绍"利用'5W1H'进行整体思考"和"利用'PREP'进行总结"这两种最基本的流程。

此外，整理思考动线时还有一点很重要，那就是要将脑内的动线向外发散，也就是**输出自己的想法**。

例如，当我们的头脑中有了具体想法却还没有经过整理时，可以将此想法与他人进行讨论。经过讨论，我们或许就能意识到自己想法中存在的偏差，得到他人的建议。

如此一来，我们的想法就在某种程度上逐渐成形了，而整理、归纳后写出想法的工作也会变得轻松起来。由于思考动线的归纳无法一蹴而就，所以我们需要利用固定的基本流程进行思考，或者与他人进行讨论。

08 ⤵ 控制情绪

整理思考动线时，往往会受到"情绪"这一不可控的因素的影响。例如前文提到的"焦躁"，以及"嫉妒""悲伤"等。

为了保持思考动线的沉稳和高效，我们必须控制好自己的情绪。情绪控制的秘诀是，将情绪障碍视为"可以解决的逻辑问题"，而不是情绪问题。

思考进入混乱状态、焦躁不安的情绪愈发复杂，这对工作而言有百害而无一利。那么，如何将情绪问题变为能用逻辑思考解决的问题呢？有三个秘诀。

秘诀一：将事情分为可控与不可控

无论怎样烦恼、怎样哀叹，有些事情就是我们无能为力的。想打起精神再做点什么，或者因为此事而心绪不宁——从解决问题的角度来看，这些都是无用功。

我在丰田现场工作时，有一次开着客户的车发生了撞车事故。当时我刚完成钣金修理工作，正开着车准备交还客户。但在还车途中，由于操作失误，我撞到了电线杆上。当时，我的大脑一片空白，不知该如何是好。

此时，同行的前辈提醒我说："**想想你能做什么!**"于是我强迫自己冷静下来：毕竟撞车已成事实、无法改变，车也已经撞坏了；我能做的就是面对客户，并且从公司角度出发妥当处理这一事件。

于是，我立刻给客户打了通电话，将事情的经过一五一十地告知对方，并郑重地向对方道歉。让我大吃一惊的是，客户竟然原谅了我的过错，表示一周之后才会用车，只要在这之前把车修好就可以了。随后，我马上向公司确认，采取紧急应对策略，以保证在规定的时间内将汽车修好。

冲突发生后，在心情低落、感到烦恼之前，首先要找出解决问题的方法，明确"我能做什么"。

"我该怎么办啊……""哎呀，真烦人! 真不想面对这件事。"如果我们总是感情用事，就很难从负面情绪中走出来。这时候，即便收效甚微，我们也应当采取具体行动，避免在不可控的事情上花费时间和精力。单是做到这一点，就能让我们轻松下来。

秘诀二：将事实与意见分开思考

我从事汽车检修工作时，每天都有很多问题车辆送来检修。送检时，客户都会提出一些自己担心的问题，如："每次刹车的时候都能听到声音，是不是刹车片有磨损？"这时候，我首先会判断客户说的问题到底是个人意见，还是事实。

客户提出是刹车片磨损，技术员就默认问题出在这里，开始汽车检修工作，这样的处理方式很不专业。正确的做法是先冷静确认问题。

日常生活中遇到的情绪问题也是一样，当我们出现愤怒、焦躁不安等情绪时应当先进行合理判断：这到底是客观事实造成的情绪问题，还是由于自己片面的感情因素造成的情绪问题？

秘诀三：将问题与情绪分开思考

前文论述了将事实与意见分开思考，再进一步说，就是将问题与情绪分开思考。

有一次，一位同事的工作失误导致了向客户交车的时间推迟。我生气地指责他："不能按时交付是维修技师的失职！"这时，一位前辈告诫我说："不要意气用事。他没有按时完成工作与你不能原谅他，是两个不同的问题。"

听到这句话，我幡然悔悟，"这位同事为什么延误了交车时间"才是我应当冷静处理的问题。人类感情丰富，有时难免意气用事，但我们不应当因为情绪问题错过自己更应该做的事。

不能将事实与意见混为一谈，更不能将问题与情绪混为一谈。只有这样，我们考虑问题时才不会被消极情绪影响，才能进行充分思考。

09 ⇩ 出现问题时的思考动线

上一节我们说要区分问题与情绪。那么如果实际工作中产生了问题，我们应该如何应对呢？答案是：**追究问题的根本原因**。

任何问题的出现都存在最根本的原因。

以每天早上都迟到的新员工为例。他为什么每天都迟到？提出这一问题后，我们的脑海中会浮现出几个可能的理由。

- 早上起不来，闹钟响后会不自觉地关上闹钟，继续睡觉；
- 时间安排不合理，吃早饭、换衣服的时间过长，导致出门时间太晚；
- 居住地附近的交通状况不佳，公交车、地铁经常无法正点通行。

像这样，同一个问题可能有几个原因，或者是由这些原因中的几个层面相互叠加导致的。

因此，我们应当多方面考虑出现问题的原因，并且锁定问题出现的根本原因。此外，我们还应当注意到问题的原因一般都是多层次的。

例如：每天不能按时起床的问题背后是前一天晚上睡觉太晚；睡觉太晚的原因是每晚工作之后都会出去喝酒。一般情况下，一个人每晚都出去喝酒，说明这个人有了什么烦恼。而要解决这位员工迟到的问题，就要从根本上找出他具体烦恼的事情。

层层分析、深刻挖掘问题的原因，从而找到根本原因，这才是解决问题的正确方法。

面对经常迟到的年轻员工，管理者只是斥责两句"下次早点来上班"是无法从根本上解决问题的。而且，严肃警告这位年轻员工"下次再迟到要扣工资"也许短时间内有效，但从长远来看，也是治标不治本的。

对卖不出商品的销售员说："你要加油卖啊！"对总是加班完不成工作的员工说："早点回家吧。"这些话都不能从根本上解决问题。

如果没有切实把握问题发生的根本原因，也没有进行相应的处理，那么问题就会以另外的一种形式出现。

例如，有些公司的老员工会把音量很大的闹钟作为礼物送给经常迟到的新员工。这么做也许能在短期内让新员工在闹钟的帮助下爬起来上班，但是让新员工烦恼的根本问题并没有得到解决。

　　此外，这种不解决根本问题的方法可能会引起员工的身体不适，降低他们的工作效率，甚至可能导致他们无法正常工作。因此，我们应当探究、追究问题的根本原因，以此来确定解决问题的有效方法。

10 ⤵ 利用"五个为什么"探究问题的本质

在探究问题的本质时，丰田广为流传的一个方法是"**五个为什么**"。制造型企业称其为"为什么分析法"，指在发生问题后，要通过多问几个"为什么"寻找问题的原因，并且利用理论、客观的方法探究问题的本质，找到隐藏的根本原因。

这样一来，我们不仅能找到问题的表面原因，也能找到问题的深层原因。起初，这是以丰田为代表的制造型企业广泛应用的方法。现在，IT 企业的白领也开始应用这一方法。

亚马逊创始人杰夫·贝佐斯就是深受丰田工作方法影响的经营者之一。他曾在一次媒体采访中透露："我经常在企业经营的多个方面应用'五个为什么'。"

不仅是日本，全世界都在不断应用"五个为什么"的工作方法，这是由问题的复杂化引起的。随着 IT 系统和工具的多样化，人类情绪等多种要素共同作用引发的问题越来越多，问题的分析也变得越来越困难。如果选择敷衍或者逃避，同样的问题一定还会发生，只会浪费我们解决问题的宝贵时间。正因如此，能够打破这一僵局的"五个为什么"的工作方法才如此受大家的追捧。

如今，我们每天都要面对和解决各种各样的问题。日常的各项工作，从本质上来说就是解决问题的过程。**面对问题时，我们首先要在头脑中思考"五个为什么"，以此探究问题出现的根本原因。**

直接探究问题的根本原因，能在最大程度上排除多余的无用问题。如果不需要思考多余的问题，我们的思考动线就会更加轻松。

后记
简化动线的必要投资

我想，现在你一定对动线的重要性有了更深刻的认识。

也许有人会在阅读本书后认为关于动线的思考过于拘束和死板。实际上，意识到动线重要性的意义在于"该工作的时候就撸起袖子加油干"，切实提高工作效率，以最短距离完成必要的工作步骤，最终取得成果。同样，"该休息的时候就彻底放松"。我们可以在休息日来一场说走就走的旅行，可以在观光地舒心地逛一逛，也可以在家附近随便走一走。由于日常工作中我们会时刻关注动线的合理性，所以休息日的舒缓行动本身就是一种放松。

当然，把我们在工作中学到的动线安排应用到旅行中也是一种乐趣。例如：逛游乐园时，怎么安排才能玩到所有的游乐设施，怎么逛才能把观光地的所有景点都看一遍？在旅行途中加入这样的思考也是一件非常有趣的事情。

此外，我希望你能够**重视时间**。无论是中小企业员工，还是美国总统，时间对每个人而言都是公平的。无论是采取同样的行动，还是采用同样的思考方法，我们都应当重视与动线密切相关的时间。而为了实现动线的合理性，我们要舍得"投资"。

当然，购买本书就是一种投资。读完本书后，我希望你能从更深入的角度出发进行投资，将动线这一概念融入到自己的生活中去，并以实现动线的有效性为目标，认真思索明天应该采取的具体行动。

例如，丰田现场曾有每日清洗劳动手套的惯例。从我去丰田参加工作开始，洗衣机洗完的劳动手套就是由新员工一组一组晒干的，这是一项非常花费时间的工作。

有人会想：反正我们是新人，安排我们做什么我们就做什么。但事实上，缩短这项工作的时间就相当于为其他工作赢得了时间。一定有人会考虑买台烘干机，这样洗完的劳动手套就能马上使用了。

这个道理体现在白领的办公室工作中，就相当于要提高电脑等工具的便利性。如今，仍然有很多企业购买廉价、低配置的办公电脑，导致员工操作时电脑反应缓慢，甚至因为连续死机需要反复重启电脑。因此，企业应当在性价比高的必要工具上加大投资，这样才能缩短动线。

最后，我想讲一个"磨刀不误砍柴工"的寓言故事。

从前有一个樵夫，他每天都要用斧子砍木头。因为斧子的刃很钝，所以他砍木头花的时间越来越长。有人从旁边经过看到他的情况，建议道："你可以把斧子的刃磨一磨，这样更快。"但是樵夫却回答："磨刀？我哪有时间？我忙着砍柴呢！"

现如今，很多日本企业都像这则寓言中的樵夫一样，陷入了进退两难的境地。明明可以花些时间磨一磨已经变钝的斧刃，却总喊着"我很忙，我很忙"，终日被工作推搡着，没有磨刃的时间。

读完本书之后，我希望你能停下手里已经变钝的斧子，重新审视工作中的动线。或者，你也可以选择一周阅读一本动线相关的书，以持续关注工作中的动线。我相信这样坚持一年后，你在公司的工作动线会更加顺畅、更加合理。

在令和（2019 年）这一新的时代，让我们一起为实现更顺畅、更合理的动线而不断努力吧。

原　正彦

"精益制造"专家委员会

齐二石　天津大学教授（首席专家）

郑　力　清华大学教授（首席专家）

李从东　暨南大学教授（首席专家）

江志斌　上海交通大学教授（首席专家）

关田铁洪（日本）　原日本能率协会技术部部长（首席专家）

蒋维豪（中国台湾）　益友会专家委员会首席专家（首席专家）

李兆华（中国台湾）　知名丰田生产方式专家

鲁建厦　浙江工业大学教授

张顺堂　山东工商大学教授

许映秋　东南大学教授

张新敏　沈阳工业大学教授

蒋国璋　武汉科技大学教授

张绪柱　山东大学教授

李新凯　中国机械工程学会工业工程专业委会委员

屈　挺　暨南大学教授

肖　燕　重庆理工大学副教授

郭洪飞　暨南大学副教授

毛少华　广汽丰田汽车有限公司部长

金　光　广州汽车集团商贸有限公司高级主任

姜顺龙　中国商用飞机责任有限公司高级工程师

张文进　益友会上海分会会长、奥托立夫精益学院院长

邓红星　工场物流与供应链专家

高金华　益友会湖北分会首席专家、企网联合创始人

葛仙红　益友会宁波分会副会长、博格华纳精益学院院长

赵　勇　益友会胶东分会副会长、派克汉尼芬价值流经理

金　鸣　益友会副会长、上海大众动力总成有限公司高级经理

唐雪萍　益友会苏州分会会长、宜家工业精益专家

康　晓　施耐德电气精益智能制造专家

缪　武　益友会上海分会副会长、益友会/质友会会长

东方出版社

广州标杆精益企业管理有限公司

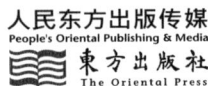

標杆精益®
BENCHMARK LEAN

人民东方出版传媒
People's Oriental Publishing & Media
东方出版社
The Oriental Press

东方出版社助力中国制造业升级

定价：28.00元

定价：32.00元

定价：32.00元

定价：32.00元

定价：32.00元

定价：32.00元

定价：30.00元

定价：30.00元

定价：32.00元

定价：28.00元

定价: 28.00 元

定价: 36.00 元

定价: 30.00 元

定价: 32.00 元

定价: 32.00 元

定价: 32.00 元

定价: 38.00 元

定价: 26.00 元

定价: 36.00 元

定价: 22.00 元

定价: 32.00 元

定价: 36.00 元

定价: 36.00 元

定价: 36.00 元

定价: 38.00 元

定价: 28.00 元

定价: 38.00 元

定价: 36.00 元

定价: 38.00 元

定价: 36.00 元

定价: 36.00 元

定价: 46.00 元

定价: 38.00 元

定价: 42.00 元

定价: 49.80 元

定价: 38.00 元

定价: 38.00 元

定价: 38.00 元

定价: 45.00 元

定价: 52.00 元

定价: 42.00 元

定价: 42.00 元

定价: 48.00 元

定价: 58.00 元

定价: 48.00 元

定价: 58.00 元

定价: 58.00 元

定价: 42.00 元

定价: 58.00 元

定价: 58.00 元

定价: 58.00 元　　　　　　　　定价: 58.00 元

定价: 58.00 元　　　　　　　　定价: 58.00 元

定价: 58.00 元　　　　　　　　定价: 68.00 元

定价: 68.00 元　　　　　　　　定价: 68.00 元

定价: 68.00 元　　　　　　　　定价: 68.00 元

定价: 68.00 元

定价: 68.00 元

定价: 58.00 元

定价: 88.00 元

定价: 136.00 元（上、下册）

定价: 136.00 元（上、下册）

定价: 68.00 元

日本制造业·大师课

手机端阅读，让你和世界制造高手智慧同步

片山和也：
日本超精密加工技术
系统讲解日本世界级精密加工技术
介绍日本典型代工企业

国井良昌：
技术人员晋升·12 讲
成为技术部主管的 12 套必备系统

山崎良兵、野々村洸，等：
AI 工厂：思维、技术·13 讲
学习先进工厂，少走 AI 弯路

高田宪一、近冈裕，等：
日本碳纤材料 CFRP·11 讲
抓住 CFRP，抓住制造业未来 20 年的
新机会

中山力、木崎健太郎：
日本产品触觉设计·8 讲
用触觉，刺激购买

高市清治、吉田胜，等：
技术工人快速培养·8 讲
3 套系统，迅速、低成本培育技工

近冈裕、山崎良兵，等：
日本轻量化技术·11 讲
实现产品轻量化的低成本策略

近冈裕、山崎良兵、野々村洸：
日本爆品设计开发·12 讲
把产品设计，做到点子上

近冈裕、山崎良兵、野々村洸：
数字孪生制造：
技术、应用·10 讲
创新的零成本试错之路，智能工业化
组织的必备技能

吉田胜：
超强机床制造：
市场研究与策略·6 讲
机床制造的下一个竞争核心，是提供
"智能工厂整体优化承包方案"

吉田胜、近冈裕、中山力，等：
只做一件也能赚钱的工厂
获得属于下一个时代的，及时满足客
户需求的能力

吉田胜：
商用智能可穿戴设备：
基础与应用·7 讲
将商用可穿戴设备投入生产现场
拥有快速转产能力，应对多变市场需求

吉田胜、山田刚良：
5G 智能工厂：
技术与应用·6 讲
跟日本头部企业学
5G 智能工厂构建

木崎健太郎、中山力：
工厂数据科学家：
DATA SCIENTIST·10 讲
从你的企业中找出数据科学家
培养他，用好他

中山力：
增材制造技术：
应用基础·8 讲
更快、更好、更灵活
——引爆下一场制造业革命

内容合作、推广加盟
请加主编微信